후킹
HOOKING

후킹
HOOKING

마음을 훅 끌어당기는 기술

김운기 지음

TORNADO
토네이도

재능이 아니라 구조가 돈을 만든다

2021년 3월, 나는 인생의 바닥을 보았다. 코로나19가 터진 지 1년쯤 지났을 때였다. 전 재산을 투자했던 주식은 폭락했고, 만회해 보려다 지인에게 속아 4,000만 원의 사기까지 당했다. 지난 10년 동안 모은 1억 5,000만 원이 순식간에 증발했다. 계좌 잔고를 보던 내 심정은 그야말로 불지옥이었다. 하지만 나를 가장 괴롭힌 것은 돈보다 억울함이었다.

"도대체 내가 뭘 그렇게 잘못했을까?"

그저 남들처럼 결혼하고, 집과 차도 마련하며 평범하게 살고 싶었을 뿐이다. 지금껏 누구보다 성실하게 살아왔다고 자부했다. 새벽 4시 30분이면 일어나 독서와 운동으로 하루를 시작했고, 남들보다 30분 일찍 출근해 퇴근 후에도 회사 일을 챙겼다. 심지어 주말에도 회사에 나가 일하곤 했다.

그렇게 했던 이유는 단순하다. 아무것도 가진 게 없던 내가 믿을 수 있었던 건 '미련할 정도의 성실함'뿐이었기 때문이다. 그러나 현실은 잔인했다. 10년을 쌓아온 성실함이 불과 1년도 채 되지 않아 무너졌다. 그사이 들려오는 주변의 소식은 나를 더 초라하게 만들었다. 누군가는 승진했고, 누군가는 결혼해 아이를 낳았고, 누군가는 집을 사고, 또 누군가는 외제차를 현금으로 샀다며 자랑했다.

비교는 곧 자괴감으로 이어졌고, 살고 싶은 의지조차 희미해졌다. 뜻대로 흘러가는 일이 하나도 없었기에 나는 세상을 원망했다. 부모님과 동생은 이런 나를 이해하지 못했다. 심지어 정신과 상담을 권하기까지 했다. 그 시절의 나는 철저하게 혼자였고, 스스로를 완벽한 실패자로 규정하고 있었다.

그렇게 지옥 같은 나날을 보내던 어느 날, 유튜브에서 우연히 '파이프라인 우화'에 대한 영상을 보게 되었다. '잠자는 동안에도 돈이 들어오는 시스템을 만들어야 한다.' 이 메시지는 내 머리를 강타했다. 그날부터 나는 부의 근본적인 원리를 처음부터 다시 공부하기 시작했고, 이내 충격적인 사실을 알게 되었다. 나는 그동안 몸값을 높이는 데만 열을 올리는 '덧셈 게임'을 하고 있었다는 것을 말이다. 하루 24시간이라는 한정된 시간을 팔아 소득을 얻는, 노동자의 게임에 머물러 있었던 것이다.

반면 진짜 부자들은 전혀 다른 게임을 하고 있었다. 한 번 만든 결과물이 수천, 수만 번 반복해 팔리는 '곱셈 게임'이었다. 그렇다면 자본도, 인맥도 없는 평범한 사람은 어떻게 이 곱셈 게임에 참여할 수 있을까? 나는 이 질문에 대한 답을 찾기 시작했고, 결국 하나의 결론에 도달했다. 바로 '고소득 스킬'을 갖는 것이다. 카피라이팅, 컨설팅, 마케팅, 콘텐츠 제작, 고관여 상품 영업 등이 해당되는 이 고소득 스킬에는 공통점이 있다. 본질이 모두 '글쓰기'에 있다는 점이다. 유튜브 썸네일 한 줄, 상세페이지 문구 한 줄, 채용 공고 한 줄까지, 어느 것 하나 글이 빠지는 곳이 없다.

이후 나는 생계를 위해 쿠팡 알바, 택배 상하차, 새벽 식자재 배송, 묘지 관리, 복합기 렌탈 및 판매 등 가리지 않고 일했다. 그리고 생활비를 제외한 모든 돈을 글쓰기 강의와 책에 투자했다. 이 선택은 나를 배신하지 않았다.

내가 배운 글쓰기 기법을 현실에 적용하자, 이전에는 상상하지 못했던 변화들이 나타나기 시작했다. 다니던 회사에서 블로그 마케팅을 맡아 작성한 글 하나로 한 달 만에 1년 치 매출에 해당하는 주문이 들어왔다. 퇴사 직후 마케팅을 도와준 지인의 필라테스 센터는 두 달도 채 되지 않아 월 100만 원대에 머물던 매출이 1,000만 원대로 뛰었다. 나의 유튜브 채널 역시 글쓰기 구조를 적용하여 한 달 만에 구독자 1,000명을 넘겼고, 3만 원대 전자책은 1,400권 이상 판매되었다. 유튜브 멤버십 역시 한 달만에 100명 이상의 가입자를 확보했다.

이러한 경험을 통해 나는 또 한 번 깨달았다. 돈은 성실함 그 자체에서 나오는 게 아니라, 사람의 마음을 움직일 때 비로소 만들어진다는 것을. 사람의 마음을 움직이는 데 특별한 재능은 필요하지 않다. 인간의 본성을 건드리는 심리 원리와 그것을 담아내는 글쓰기 구조를 이해하는 것으로 충분하다.

여기에 그 과정에서 쌓은 지식과 노하우를 모두 담았다. 하지만 이론만을 정리한 책이 아니다. 바닥까지 내려갔던 사람이 수많은 시행착오 끝에 정리한 '실전 수익화 지도'에 가깝다.

이 책에는 다음과 같은 내용이 담겨 있다.
- 인간의 무의식을 조종하는 7가지 심리 버튼
- 3초 안에 고객을 사로잡는 5가지 후킹 무기
- 지갑을 열게 만드는 9단계 글쓰기 설계도
- 자는 동안에도 수익을 만드는 5단계 자동 판매 시스템
- 3개월 만에 초보를 고수로 만드는 실전 훈련 로드맵

반대로 이 책에 없는 것도 분명하다.
- 하루 만에 월 1,000만 원을 벌게 해주는 마법
- 글 한 줄로 인생 역전하는 판타지
- 노력 없이 성공으로 가는 지름길

책의 내용을 그대로 따른다고 해서 곧바로 결과가 나타나지 않을 수도 있다. 나 역시 그랬다. 하지만 시스템을 이해하고 꾸준

히 적용한다면, 3개월 안에 눈에 띄는 성과가 나타날 것이다.

이 책은 2가지를 약속한다.
첫째, 재능 없이도 팔리는 글을 쓸 수 있다.
둘째, 한 번 만든 시스템으로 계속 돈을 벌 수 있다.

단, 조건이 하나 있다. 책의 내용을 반드시 직접 적용해 봐야 한다는 점이다. 글쓰기는 읽는 것과 쓰는 것이 완전히 다른 영역이기 때문이다.

독자들을 위해 실제로 효과가 검증된 자료들도 함께 준비했다.
- 억대 매출을 일으킨 상세페이지 레퍼런스 68개
- 후킹이 검증된 썸네일·제목 레퍼런스 205개
- 끝까지 보게 만드는 도입부 레퍼런스 20개

이 외에도 AI 글쓰기 프롬프트, 블로그 마케팅 상위 노출 비법 등 책에 모두 담기 어려운 자료들은 아래의 홈페이지에서 무료로 확인할 수 있다.

[선물 모음집 경로] www.achiever-rich.co.kr/gift

당신이 지금 성실히 살고 있는데도 제자리걸음처럼 느껴진다면, 더 이상 노력을 탓하지 말라. 문제는 당신의 태도가 아니라 '구조'에 있다. 이제 노동의 굴레에서 벗어나 시스템의 영역으로 들어와야 한다. 내가 바닥에서 일어설 수 있었던 유일한 무기인 '글쓰기'의 비밀을 지금부터 당신에게 알려주려 한다. 함께 시작해 보자.

차례

01

왜 어떤 글은 마음에 남고, 어떤 글은 사라지는가

무에서 유를 만드는
가장 확실한 방법

프롤로그에서 이야기했듯, 나는 '성실함'만 믿고 10년을 달렸다. 새벽 4시 반 기상, 주말 반납, 자기계발… 누가 봐도 미련할 정도로 열심히 살았다. 하지만 그 결과는 10년간 모아온 1억 5,000만 원을 모두 잃었다는 사실이었다. 도대체 왜 이런 일이 일어났을까? 부자가 된 친구들보다 노력이 부족해서였을까?

이 질문에 답을 준 책은 엠제이 드마코의 《부의 추월차선》이었다. 이 책은 내 실패의 원인을 공식으로 명쾌하게 설명해 주었다. 내가 왜 가난해졌는지, 왜 다시 회복할 힘조차 남아 있지 않았는지 그 이유는 분명했다. 내가 줄곧 '덧셈 게임'을 하고 있었기 때문이었다.

엠제이 드마코는 이렇게 묻는다.

"당신은 덧셈 게임을 하고 있는가, 곱셈 게임을 하고 있는가?"

책에는 부자가 되는 공식이 이렇게 적혀 있었다.

'수입 = 판매 개수(Q) × 개당 이익(P)'

이 공식을 보는 순간 깨달았다. 나는 평생 'Price', 즉 내 몸값을 올리는 데만 집착해왔다는 사실을. 자기계발을 열심히 해서 연봉을 올리는 것. 내가 알고 있던 부의 경로는 이것뿐이었다. 하지만 이 방식에는 치명적인 한계가 있다. 'Quantity', 즉 판매 개수가 1에만 머문다는 점이다. 나는 내 시간과 노동을 오직 회사 한 곳에만 팔고 있었다. 하루는 24시간으로 정해져 있고, 이 구조에서 수입은 아무리 노력해도 제한적일 수밖에 없다. 덧셈 게임은 결국 성장에 한계가 있다.

반면 진짜 부자들은 '곱셈 게임'을 한다. 그들은 망할 수 있다는 리스크를 감수하면서도 사업과 투자를 선택한다. 자신의 시간을 파는 대신 상품이나 시스템을 판다. 이것이 바로 자본주의 시대에 부자가 되는 비밀, 'Q의 무한한 확장'이다.

사람들이 돈을 쓰는 단 하나의 이유

그렇다면 자본도, 인맥도 없는 사람은 무엇을 팔 수 있을까? 공장을 세울 돈도, 재고를 쌓아둘 창고도 없는 이들에게도 희망은 있다. 바로 사람의 마음을 읽는 것이다. 사람들이 지갑을 여는 순간에는 공통점이 있다. 자신의 문제를 해결해 줄 때다. 사람들의 고민은 결국 3가지로 귀결된다.

첫째, 돈의 문제다. 먹고사는 생존의 문제부터 노후 걱정, 결혼 준비, 자녀 교육비, 그리고 하기 싫은 일을 하지 않을 자유에 대한 갈망까지. 돈 문제는 숨 쉬는 것만큼이나 절박하다.

둘째, 건강의 문제다. 사람들은 아무리 돈이 많아도 건강을 잃으면 모든 것이 무의미하다는 것을 잘 알고 있기에 아프지 않고 오래 사는 것, 질병 예방, 체력 개선을 위해서는 아낌없이 비용을 지불한다.

셋째, 인간관계의 문제다. 사랑받고 싶은 욕구, 외로움, 직장 상사와의 갈등, 인정받고 싶은 마음 등 관계에서 오는 각종 스트레스를 해결해 준다면 기꺼이 지갑을 연다.

이 중 하나라도 해결해 줄 수 있다면, 거창한 물건을 팔지 않아도 돈을 벌 수 있다. "당신이 고민하는 그 문제, 제가 해결할 수 있습니다" 이 한마디를 건넬 수 있다면, 무일푼이어도 사업은 시작된다.

문제는 해결책을 어떻게 전달하느냐다. 아무리 훌륭한 해결책이라도 그것을 필요로 하는 사람에게 제대로 전달하지 못하면 소용없다. 반면 평범한 해결책이라도 상대방의 마음을 움직일 수 있다면 지갑은 열린다. 이 책을 쓴 이유가 바로 여기에 있다.

Q를 무한대로 늘리는 도구

당신이 해결책을 갖췄다고 가정해 보자. 그렇다면 그것을 어디에서 어떻게 팔아야 할까? 일일이 사람들을 찾아다니는 방식으로는 Q를 늘릴 수 없다.

다행히 우리는 단군 이래 가장 돈 벌기 좋은 시대에 살고 있다. 유튜브, 인스타그램, 블로그 같은 온라인 플랫폼 덕분이다. 우리나라에서 유튜브는 단연 가장 많이 쓰이는 플랫폼으로, 2025년 월간 활성 이용자 수가 약 4,800만 명에 달했다. 인스타그램도 약 2,700만 명 수준으로 널리 이용되고 있다. 이처럼 많은 사람이 소셜미디어를 소비하는 시대에, 이 플랫폼들을 활용하면 Q를 무한대로 늘릴 수 있다. 과거처럼 물리적 공간과 영업 시간에 묶일 필요도 없다. 이제 전국은 물론 전 세계를 상대로 24시간 영업이 가능해졌다.

여기서 하나만 짚고 넘어가자. 많은 사람이 "유튜브가 대세니까 나도 영상 편집을 배워야 하나?"라고 생각한다. 하지만 본질은 거기에 있지 않다. 우리가 유튜브를 보는 이유는 화려한 편집 기술을 감상하기 위해서가 아니다. 재미가 있거나, 정보가 유익하거나, 내 마음을 위로해 주기 때문이다. 즉 영상은 포장지일 뿐이고, 본질은 그 안에 담긴 메시지다.

따라서 유튜브의 뼈대가 되는 것은 기획과 대본이다. 인스타그램 카드 뉴스의 핵심 역시 디자인이 아니라 그 안에 담긴 문장이다. 블로그와 전자책은 말할 것도 없다. 결국 온라인에서 사람을 모아 돈을 버는 모든 행위의 근원에는 '글쓰기'가 있다.

과거에는 Q를 늘리려면 공장을 짓고, 직원을 고용하고, 유통망을 확보해야 했다. 막대한 자본이 필요한 일이었다. 하지만 지금은 다르다. 노트북 하나, 스마트폰 하나면 충분하다.

당신이 겪었던 고민, 당신이 해결했던 문제들을 사람들이 공감할 수 있는 언어로 바꿔 온라인에 업로드하면 된다. 그렇게 만든 콘텐츠는 당신을 대신해 24시간 일하는 영업사원이 된다. 당신이 잠든 사이, 쉬는 동안에도 말이다.

따라서 우리가 해야 할 질문은 단순하다.

'어떻게 써야 사람들의 마음을 움직일까?'
'어떻게 하면 내 글이 더 많은 사람에게 닿을까?'

이 책은 바로 그 고민에 대한 나의 답안지다. 나는 당신에게 소설가처럼 멋진 문장을 쓰는 법을 알려주지 않을 것이다. 대신 '돈이 되는 글쓰기', '마음을 움직이는 심리 기술'을 전하려 한다.

자본이 없어도 괜찮다. 특별한 재능이 없어도 상관없다. 나처럼 평범한 사람도 '글쓰기'라는 무기 하나로 인생을 크게 바꿀 수 있다. 다음 챕터에서는 실제로 이 글쓰기라는 무기로 수천억 원의 부를 일군 나의 롤모델이자 마케팅의 거장 3명을 소개하려 한다. 그들의 이야기를 통해, 글쓰기가 단순한 기술이 아니라 부를 만드는 구조라는 사실을 확인할 수 있을 것이다.

2

부자들은 왜 '글쓰기'를 무기로 선택했는가

과거 복합기 회사에 다닐 때, 사장님께 조심스럽게 건의한 적이 있다. "사장님. 저희도 홍보용 전단지도 만들고, 블로그 글도 써보면 어떨까요? 요즘은 다들 검색해서 찾아오니까요." 그때 마침 사무실에 있던 거래처 사장님이 피식 웃으며 끼어들었다. "김 대리, 글 같은 건 나중에 대충 써. 그런 거 쓸 시간에 명함이나 한 장 더 돌리고." 아이러니하게도 그분은 우리 회사에 찾아올 때마다 경기가 어렵다며 하소연하셨었다. 많은 사람이 이처럼 글 쓰는 걸 대수롭지 않게 여긴다. 하지만 이 세상에는 글쓰기로 수백억, 수천억을 버는 사람들이 실제로 존재한다.

이번 챕터에서는 글쓰기를 통해 큰 성과를 만들어낸 세 인물을 살펴본다. 이들의 사례는 개인의 성공담이 아니라, 글쓰기가 어떻게 경제적 결과로 이어지는지를 보여주는 구체적인 근거다.

일본에서 '마케팅의 신'이라 불리는 간다 마사노리神田昌典는 일본 출판계의 흐름을 바꾼 인물로 평가받는다. 실제로 그의 등장 이후 일본 마케팅 출판 시장은 '간다 마사노리 이전'과 '이후'로 나뉜다는 말까지 나왔다. 하지만 그의 시작은 화려하지 않았다. 그는 펜실베이니아대학교 와튼스쿨에서 경영학 석사 학위를 취득했지만, 몸담고 있던 회사에서 정리해고를 당해 하루아침에 쫓겨났다. 그는 자본도, 인맥도 없이 사업을 시작해야 했다.

그는 자신의 저서인 《고민하는 자만이 자신을 구한다》에서 이렇게 고백했다. "사업 초기, 아무것도 없던 나를 먹여 살린 건 오직 '카피라이팅' 능력 하나였다." 그래서 그는 다시 태어나도 가장 먼저 연마하고 싶은 기술로 카피라이팅을 꼽는다. 그가 《금단의 세일즈 카피라이팅》에서 밝힌 사례 중에는 한 통의 편지글로 3,000명의 회원을 모집했던 에피소드가 등장한다. 그는 고객의 아픈 지점을 헤아려 공감을 얻어냈기 때문에 가능했다고 말한다. 온라인 마케팅이라는 개념조차 없던 시절에 오직 글 하나로 사람들의 마음을 움직여 이뤄낸 성과다.

이야기는 여기서 끝나지 않는다. 그는 사업 초기에 작성했던 글이 10년간 약 4,500억 원의 수익을 창출했다고도 밝혔다. 한 번 쓴 글이 10년 동안 쉬지 않고 돈을 벌어다 준 것이다.

'상대방이 무엇을 원하는가?'

'지금 어떤 감정 상태인가?'

'어떤 말에 반응할까?'

끊임없이 이 질문을 파고든 그의 카피라이팅 철학은 '고객의 마음을 먼저 읽어라'라는 한 문장으로 압축된다. 고객에 대한 이해를 바탕으로 반응을 설계하는 커뮤니케이션이 그의 글쓰기 비결인 셈이다. 그가 만든 글쓰기 구조인 'PASONA 법칙'은 지금도 전 세계 마케터들이 배우는 카피라이팅의 기본 공식이 되었다. 결국 사람의 마음을 움직이는 언어의 힘은 시대가 바뀌어도 변하지 않는다. 간다 마사노리가 증명한 사실은 명확하다. '글 한 줄이 인생을 바꿀 수 있다.'

글로 자동 수익 시스템을 만든 사람

두 번째로 소개할 인물은 '세일즈 퍼널'이라는 개념을 대중화시킨 러셀 브런슨Russell Brunson이다. 그는 현재 연 매출 수천억 원 규모의 마케팅 플랫폼 '클릭퍼널스닷컴ClickFunnels.com'의 창업자이자 대표다. 하지만 그의 첫 사업 아이템을 들으면 헛웃음이 나올지도 모른다. 2005년, 그는 학비를 벌기 위해 친구와 함께 감자총 만드는 법을 담은 DVD를 37달러에 판매했다. 누가 살까 싶을 정도로 엉뚱한 아이디어였지만, 접근법이 달랐다. 그는 단순한 설명서 대신 사람들의 호기심을 자극하는 스토리를 설계했다.

1. 호기심 유발

'주말에 아이들과 재미있게 놀 수 있는 비밀 무기를 알고 싶나요?'(광고 카피 예시)

2. 가치 제안

'감자총 만드는 법이 담긴 DVD를 저렴하게 판매합니다.'(가격 37달러)

3. 추가 제안

'재료를 하나하나 구하러 돌아다니기 귀찮으시죠? 필요한 구성품을 키트로 모두 묶어 제공합니다.'(가격 197달러)

이 DVD는 불티나게 팔려 첫 달에만 3,000달러의 수익을 올렸다. 이 경험을 통해 그는 인터넷 비즈니스의 핵심 원리인 '세일즈 퍼널'을 정립했다. 이후 2014년, 클릭퍼널스닷컴을 창업하여 세일즈 퍼널을 손쉽게 만드는 소프트웨어를 제공하기 시작했다. 창립 3년 만에 연 매출은 1억 달러를 돌파했고, 오늘날 수많은 온라인 비즈니스가 이 퍼널 시스템을 활용하고 있다.

러셀 브런슨의 진짜 강점은 고객이 구매에 이르는 모든 과정을 글로 설계했다는 점이다. 클릭을 부르는 헤드라인, 영상을 끝까지 보게 만드는 스토리, 결제 버튼을 누르게 만드는 제안 문구까지 모든 단계가 정교한 문장으로 구성되어 있다.

그는 자신의 책 《마케팅 설계자》에서 사업이 안될 때는 상품을 바꾸려 하기보다, 누구에게 어떤 스토리로 무엇을 제안할지를 먼저 점검하라고 강조한다. 상품이 아니라 판매 방식의 문제일 수 있다는 것이다. 그는 무엇을 파느냐보다, 어떻게 말하느냐가 훨씬 중요하다는 사실을 분명히 보여준다.

한 문장으로 사업의 판도를 바꾼 사람

세 번째 인물은 '오퍼의 황제'라고 불리며, 현재 연 수천억 원대 매출을 올리고 있는 알렉스 홀모지Alex Hormozi다. 그의 저서는 출간과 동시에 수백만 부 팔리며 기네스북에 등재될 만큼 강력한 영향력을 지니고 있다.

하지만 그 역시 시작은 순탄치 않았다. 20대 후반에 인수한 헬스장 대부분이 적자였기 때문이다. 전단지를 돌리고 가격 할인을 해봐도 소용없었다. 기존 회원들은 떠나고, 잠재 고객들은 등록을 망설였다.

그는 사람들이 헬스장에 오지 않는 숨은 이유를 파고들었다. 그리고 가격이나 번거로움이 문제가 아니라, 실패에 대한 두려움이 원인이라는 것을 깨달았다. 돈만 날릴까 봐, 작심삼일로 끝날까 봐, 원하는 결과를 얻지 못할까 봐 사람들은 망설였던 것이다. 이 부정적 심리를 간파한 그는 기존의 '월 3만 원, 최신 시설완비' 같은 문구를 완전히 바꿨다.

'6주 만에 9kg 감량! 실패하면 전액 환불해 드립니다.'

이 문장을 본 고객들은 어떤 반응이었을까? '자신감이 대단하네. 정말 가능한 건가?', '실패해도 돈을 잃지 않는다면, 내가 손해 볼 이유가 없잖아', '살 빠지면 좋고, 안 빠져도 돈은 돌려받을 수 있네'라고들 생각했을 것이다.

이 카피의 핵심은 고객이 느끼는 위험 요소를 제거했다는 데 있다. 고객은 선불 결제를 함으로써 진지한 태도로 참여할 동기 부여가 되었을 것이고, 목표 달성을 못하더라도 전액 환불이 되니 금전적 리스크가 제거된다. 설령 결과가 만족스럽지 않더라도, 6주간의 트레이닝 경험은 남는다. 고객의 입장에서는 잃을 게 없고, 얻을 것만 있는 거절할 수 없는 제안이었던 셈이다.

알렉스 홀모지는 여기서 한발 더 나아갔다. 6주 프로그램 종료 후 2가지 선택권을 제공했다. 하나는 전액 환불을 받는 것이고, 또 하나는 환불 금액을 정규 회원권 가입에 사용하는 것이었다. 결과는 폭발적이었다. 방문 고객의 상당수가 즉시 등록했다. 업계 평균을 크게 웃도는 전환율이었다. 더 놀라운 건, 목표를 달성한 고객 대부분이 정규 회원으로 전환했다는 점이다.

문제는 가격이 아니라 오퍼라는 것을 증명한 셈이다. 즉, 어떻게 제안하느냐에 따라 같은 상품이라도 10배, 100배의 차이를 만들어낸다. 고객의 두려움을 읽어내는 통찰, 그 두려움을 제거하는 한 줄의 문장, 거절하는 쪽이 오히려 바보처럼 느껴질 정도로 설계된 제안. 이토록 강력한 오퍼를 만드는 것 역시 결국은 '한 줄의 문장’에서 시작된다.

당신이 훔쳐야 할 단 하나의 무기

이 세 사람의 이야기를 듣고 어떤 생각이 드는가? 혹시 ‘이 사람들은 천재잖아’, ‘나랑은 다른 세상 이야기야’라며 선을 긋고 있지는 않은가? 다시 한번 말하지만, 이들을 특별하게 만든 건 막대한 자본금도, 대단한 인맥도 아니었다. 오직 ‘사람의 마음을 움직이는 글쓰기 능력’ 하나였다. 그들은 알고 있었다. 아무리 좋은 상품도 글로 표현하지 못하면 사라진다는 것을. 반대로 평범한 상품도 글로 잘 표현하면 베스트셀러가 된다는 것을.

이들의 글쓰기는 예술이 아니라 공식에 가깝다. 인간의 심리는 시대가 바뀌어도 크게 달라지지 않는다. 그렇기 때문에 원리를 이해하고, 그 구조를 따라 쓴 글은 반복해서 작동한다. 이때 필요한 것은 영감이 아니라, 작동하는 구조를 아는 것이다.

3

AI 시대, 글쓰기는 10배 더 강력해진다

본격적인 이야기에 들어가기에 앞서, 한 가지 오해를 바로잡고자 한다. 얼마 전 내 유튜브 채널에 댓글 하나가 달렸다. 글쓰기의 중요성을 다룬 영상이었는데, 반응이 싸늘했다.

"요즘 누가 글쓰기를 배워? AI한테 시키면 다 써주는데. 이런 영상 볼 필요 없음."

이 댓글을 보고 화가 나거나 반박하고 싶진 않았다. 오히려 지금 시장의 현실을 정확히 보여주는 사례라고 느꼈다. 많은 사람이 AI가 등장했으니 이제 인간은 글을 쓸 필요가 없다고 말하며, 글쓰기를 배우는 것 자체가 시대착오적이라고 여긴다. 하지만 내가 현장에서 목격하고 있는 현실은 정반대다. 오히려 글을 쓰지 못하는 사람은 AI에 종속되고, 글을 쓸 줄 아는 사람은 AI를 지배한다. 왜 이런 차이가 생길까?

0에 100을 곱하면, 0이다

AI는 마법의 지팡이가 아니다. 엄밀히 말하면 '증폭기'다. 사용자가 가진 역량을 2배, 5배, 10배로 키워주는 도구일 뿐이다. 이를 공식으로 표현하면 이렇다.

'글쓰기 실력 × AI 활용 = 결과물'

만약 당신의 글쓰기 실력이 '0'이라고 가정해 보자. 그럼 아무리 성능 좋은 AI를 써도 결과는 0이다. 0에 100을 곱해도 0인 것처럼 말이다. 물론 "글 못 써도 챗GPT가 알아서 써주던데요?"라고 말할 수도 있다. 하지만 여기에 치명적인 함정이 있다. AI가 출력한 글이 좋은지 나쁜지 판단할 능력이 없다는 것이다. 좋고 나쁨을 분별하지 못하면, 주도권은 AI에게 넘어간다.

실제로 글을 못 쓰는 사람이 AI로 만든 글을 보면 티가 난다. 문장은 그럴듯하지만 내용은 비어 있고 형식적이다. 이러한 '영혼 없는 양산형 콘텐츠'는 사람들의 마음을 움직이지 못한다. 설령 클릭해서 보더라도, "아 뭐야, AI가 쓴 글이었어?"라고 알게 된 순간 속았다는 기분이 들기 때문이다.

반면 글쓰기 기초가 탄탄한 사람은 AI를 더 전략적으로 활용한다. 자신만의 관점과 경험을 바탕으로 정보를 재구성하고, 타깃의 감정과 욕망을 정확히 파악해 맞춤형 메시지를 만들어낸다. 결과적으로 콘텐츠의 질이 더 높아져 많은 사람에게 긍정적인 영향을 미치고, 수익 또한 자연스럽게 따라온다.

이는 마치 가수와 프로듀서의 관계와 같다. 아무리 값비싼 장

비와 유능한 프로듀서(AI)가 있어도, 가수(인간)가 음치라면 히트곡은 나오기 힘들다. 하지만 실력이 좋은 가수가 최고의 프로듀서를 만나면, 시장을 지배하는 명곡이 탄생한다.

글 생산성이 3배 높아진 이유

나는 예전에 블로그 글 하나를 완성하는 데 3시간이 걸렸다. 화면 앞에서 문장을 고치다 멈추기를 반복했고, 첫 문장이 안 써져서 커피만 내리 3잔을 마시기도 했었다. 유튜브 대본은 더 오래 걸렸다. 하나 쓰는 데 평균 3일이 걸렸고, 막힐 땐 일주일까지 걸리기도 했다.

하지만 지금은 다르다. 처음부터 끝까지 다 직접 쓰지 않는다. 주제를 기획하여 자료 조사를 한 뒤, AI에게 프롬프트를 설계해서 지시한다. 구체적인 뼈대를 제시하면, AI는 10초 만에 초안을 만들어낸다. 물론 100% 완벽하진 않지만 그 초안을 참고하여 내 경험을 덧입히고, 2장에서 다룰 '심리 버튼'을 적재적소에 배치해 완성도를 높인다. 이 과정을 거치면 작업 시간이 현저히 줄어든다. 이전에는 3시간에 글 하나를 겨우 완성했다면, 지금은 1시간에 1~2개씩 완성할 수 있다. 생산성이 3배 이상 좋아진 것이다. 이것은 앞서 말한 '부의 공식(P × Q)'에서 P를 높이는 방법이기도 하다.

글쓰기의 기본을 갖추지 못한 상태에서는 AI에 막연한 지시를 하게 되고, 결과물의 완성도를 판단하기도 어렵다. 반면 글쓰기를 제대로 이해한 사람은 AI를 보조 수단으로 활용해, 반응을 이끌어내는 콘텐츠를 빠르게 생산한다. 실제로 성과를 만드는 것은 다수의 평이한 글이 아니라, 적은 수의 고반응 콘텐츠다. 이런 맥락에서 AI는 단순한 자동화 도구라기보다, 설득의 원리를 이해한 사람의 생산성을 높여주는 수단에 가깝다.

2조 원 기업 대표가 신입사원을 뽑는 기준

언젠가 한 세미나에서 연 매출 2조 원 규모 기업 대표의 이야기를 듣게 됐다. 화장품을 주력으로 하는 이 회사는 AI에 대한 투자를 아끼지 않는다고 했다. 전 직원에게 최신 유료 AI 도구를 지원하는 건 기본이고, 신입사원 면접에서도 AI 활용 능력을 필수로 본다고 했다.

누군가 물었다.

"화장품 회사인데 그렇게까지 AI에 투자할 필요가 있을까요?"

그분은 이렇게 답했다.

"AI 활용 여부에 따라 직원의 생산성은 10배 넘게 차이납니다. 같은 조건이라면 누구와 함께하시겠습니까?"

그는 마케팅팀, 기획팀, 콘텐츠팀 등에서 AI를 활용하여 반복 업무를 자동화하고, 확보된 그 시간을 더 창의적이고 전략적인 업무에 쓰고 있다고 말했다. 그리고 뒤이어 덧붙인 말은 충격적이었다.

"AI 도구를 잘 다루는 능력만으로는 금방 한계에 부딪힙니다. 기술은 배우면 금방 평준화되거든요. 중요한 건 '무엇을 만들지 정의할 줄 아는' 사람입니다. 기획력이 있고, 논리적으로 설득할 줄 아는 사람이 AI를 잡으면, 그때부터는 차원이 다른 성과가 나옵니다. 우리 회사는 그런 인재를 원합니다."

그 기획력과 논리적 설득력의 뿌리는 어디에 있을까? 바로 글쓰기다. 글을 써본 사람만이 문장의 구조를 알고, 논리의 흐름을 설계할 수 있다. 결국 AI 시대의 빈부 격차는 'AI 기술'의 숙련도가 아니라, '사고 능력'과 '언어 능력'에서 갈리게 될 것이다.

02

99%가 놓치는
설득의 심리 법칙

1

인간은 이성보다
감정에 먼저 반응한다

유튜브를 시작한 지 얼마 안 된 때의 일이다. 나는 밤에 쉽게 잠들지 못하고 몇 시간째 뒤척이고 있었다. 퇴근 후 새벽 3시까지 영상 편집을 하고, 자료 조사 후 공들여 스크립트를 쓰고, 힘들게 녹음을 마쳐 업로드한 영상의 성과가 기대에 한참 못 미쳤기 때문이다.

'자고 일어나면 영상 조회수가 올라가 있을까?'

기대와 걱정이 섞인 마음으로 다시 컴퓨터 앞에 앉아 유튜브 스튜디오를 열었다. 마음이 쿵 내려앉았다. 숫자는 거의 움직이지 않고 있었다.

'역시 내용이 별로였나?'라는 생각이 잠깐 스쳤지만, 곧 이상한 점을 깨달았다. 사람들은 클릭조차 하지 않았으니, 아직 내용을 모른다. 그래서 한 가지 실험을 했다. 영상은 그대로 두고, 제목과 썸네일만 바꾸는 것이었다.

[실전 예시]

- 바꾸기 전 제목: '2026년 경제 전망 정리'
- 바꾼 후 제목: '2026년, 이 신호 놓치면 늦습니다.(대부분 모릅니다)'

결과는 어땠을까? 같은 영상임에도, 제목을 바꾼 쪽의 클릭률이 3배 이상 높았다. 이 경험을 통해 한 가지를 분명히 깨달았다. 유튜브는 썸네일과 제목을 보는 짧은 시간에 클릭 여부가 결정되는 전쟁터라는 사실을 말이다. 아무리 좋은 콘텐츠라도, 무의식을 자극하는 문장이 없다면 애초에 선택조차 받지 못한다.

유튜브든 상품 판매든 성과를 가르는 핵심은 다르지 않다. 인간의 뇌가 자동으로 반응하는 심리 회로를 이해하고, 그 회로를 정확한 문장으로 자극하는 것이다.

왜 심리 버튼은 이토록 강력한가

① 진화심리학의 관점: DNA에 새겨진 생존 본능

10만 년 전, 우리 조상들은 아프리카 초원에서 살아남아야 했다. 당시 가장 중요한 과제는 '생존'이었다. 맹수로부터 도망쳐야 했고, 굶어 죽지 않기 위해 식량을 찾아야 했다. 이 과정에서 인간의 뇌는 생존에 유리한 행동을 자동화하기 시작했다.

수풀이 바스락거리면 즉시 고개를 돌려야 했다(주목). 주변 사람들이 모두 뛰면 이유를 묻지 말고, 같이 뛰어야 살 수 있었다(사회적 증거). 눈앞에 맛있는 과일이 있다면 내일로 미루지 말고 지금 당장 먹어야 했다(손실 회피).

오늘날 마케팅에서 사용하는 심리 버튼들은 바로 이 생존 본능의 잔재다. 쇼핑몰에서 '마감 임박! 24시간 후 할인 종료'라는 문구를 보며 느끼는 초조함은 단순히 물건을 못 살까 봐 걱정해서가 아니다. DNA 깊은 곳에 각인된 "지금 놓치면 굶어 죽을지도 모른다"라는 원시적인 공포가 자극되는 것이다. 과일이 나무에서 떨어져 썩기 전에 빨리 주워야 했던 그 본능이, 현대의 '타임 세일' 앞에서 똑같이 작동하는 셈이다.

반면 '1,247명이 이미 구매했습니다'라는 문구를 보면 안심된다. 뇌가 이것을 '다른 부족원들이 이미 안전하다고 확인한 선택'으로 해석하기 때문이다. 즉, 심리 버튼을 누른다는 것은 상대방의 가장 깊고 원초적인 본능을 건드리는 행위다. 그렇기에 교육 수준이나 지능과 관계없이 모두에게 강력하게 작용할 수밖에 없다.

② 뇌과학의 관점: 0.2초 만에 마음은 이미 움직인다

이를 뇌과학적인 관점에서 보면 더욱 명확해진다. 인간의 뇌는 크게 감정과 본능을 담당하는 '변연계(주로 편도체)'와 이성적인 사고를 담당하는 '대뇌피질(주로 전두엽)'로 나뉜다. 이 둘은 외부 자극이 들어왔을 때 반응하는 속도가 다르다. 편도체는 약 0.2초 만에 반응한다. 위협인지 기회인지 본능적으로 판단하여 감정을 일으킨다. 반면 전두엽은 상황을 논리적으로 분석하고 판단하는 데 2~3초 이상 걸린다. 심지어 에너지도 많이 쓰기 때문에 뇌는 가능한 한 전두엽을 사용하지 않으려 한다.

이 정보가 중요한 이유는 단순하다. 구매 결정의 순간, 사람의 뇌는 이성저 판단보다 정서적 보상을 담당하는 영역이 먼저 더 강하게 활성화되기 때문이다. 우리는 이성적으로 분석한 후 구매하는 것이 아니라, 감정으로 결정한 뒤 이성으로 합리화한다는 의미다. 이걸 모르면 논리적인 설득을 하느라 시간과 에너지를 상당히 낭비하게 될 것이다.

우리가 배울 7가지 심리 버튼은 바로 이 0.2초의 틈을 파고든다. 고객의 전두엽이 '잠깐! 이게 정말 필요한가?'라고 생각하기 전에, 편도체에 직격탄을 날려 '어머! 이건 사야 해!'라는 감정적 충동을 만들어내는 것이다. 고객은 당신의 글을 논리적으로 분석하지 않는다는 사실을 명심하자.

수십 개의 이론을 7개로 압축한 이유

심리학이나 마케팅 서적을 살펴보면, 수십 가지 심리 효과가 등장한다. 나 역시 처음 카피라이팅을 공부할 때는 욕심이 많았다. 희소성, 긴급성, 일관성, 상호성, 손실 회피, 사회적 증거, 권위, 앵커링, 프레이밍, 불확실성 회피 등 좋다는 것을 모조리 정리하다 보니 20개가 넘었다. 이 심리 효과들을 모두 실전에 적용해 보려 노력했다. 모니터 밑에 각종 법칙을 적은 포스트잇을 붙여두고, 글을 쓸 때마다 한 번씩 보기도 했다.

그런데 문제는 실전이었다. 글을 쓸 때 이 수많은 심리 효과를 다 떠올릴 수는 없었다. 대입하려다 오히려 머릿속이 엉키기 쉬워 방해가 되었다.

그래서 나는 수백 개의 성공 사례를 분석하며 3가지 기준으로 버튼을 압축했다.

- 빈도: 실전에서 얼마나 자주 쓰이는가?
- 임팩트: 전환율에 즉각적인 영향을 주는가?
- 범용성: 업종과 상황을 가리지 않는가?

이 기준에 따라 7가지 핵심 버튼만 남겼다. 7개를 넘어가면 기억 용량에서 벗어나서 실전에서 즉시 꺼내 쓰기도 어렵다. 물론 이외의 심리 법칙들이 중요하지 않은 것은 아니기에 다른 챕터에서 적재적소에 다룰 것이다. 다만 지금은 가장 강력하면서도 바로 써먹을 수 있는 7개의 핵심 버튼부터 터득하는 게 효율적이다. 기초 체력을 만드는 것이라 생각하자.

7가지 버튼의 지도

우리는 이제 7가지 버튼을 하나씩 눌러가며, 고객의 무의식을 여행할 것이다. 이 여행은 무작위로 진행되지 않는다. 고객이 글을 발견하고 구매하기까지의 4단계 여정을 따라갈 것이다.

1단계는 '주목'이다. 아무리 좋은 글도 읽히지 않으면 의미가 없다. 정보의 홍수 속에서 고객의 눈과 손을 멈추게 해야 한다. 이때 필요한 것이 ① 호기심 자극 버튼과 ② 오리엔팅 반응 버튼이다.

2단계는 '신뢰'다. 주목을 끌었어도 믿음이 없으면 이탈한다. "이 사람은 믿을 만하다"라는 인식을 심어주는 ③ 사회적 증거 버튼과 ④ 권위 버튼이 필요하다.

3단계는 '가치'다. 상품이 좋은 건 알겠는데, 가격 때문에 고민하는 고객에게 "이 가격은 합리적이다"라고 느끼게 만드는 단계다. ⑤ 참조점 효과 버튼과 ⑥ 프레이밍 버튼이 당신의 상품 가치를 재정의할 것이다.

4단계는 '긴급'이다. 모든 조건이 충족됐음에도 "나중에 사야지" 하고 미루는 고객의 등을 떠미는 결정타가 필요하다. 인간의 선택을 강하게 움직이는 ⑦ 손실 회피 버튼이 이 역할을 한다.

이 7가지 버튼을 이제부터 하나씩 뜯어보자. 각 버튼이 어떻게 작동하는지 원리를 배우고, 여러 사례를 통해 당신의 비즈니스에도 적용할 수 있도록 말이다.

2

1초 안에 시선을 붙잡는 '주목' 버튼

우리는 앞서 고객의 무의식을 여는 첫 번째 단계가 '주목'임을 확인했다. 스마트폰 화면을 스크롤하는 손가락에는 자비가 없다. 고객은 1초, 아니 0.5초 만에 이 콘텐츠를 볼지 말지 결정한다. 이 찰나의 순간에 뇌의 브레이크를 밟게 만드는 방법은 크게 2가지다. 하나는 "어? 이게 뭐지?" 하고 궁금하게 만드는 것이고, 다른 하나는 "헉!" 하고 놀라게 만드는 것이다.

이 책에서는 이것을 각각 '호기심 자극 버튼'과 '오리엔팅 반응 버튼'이라 부른다.

1. 호기심 자극: 궁금해서 클릭하게 만드는 힘

① 구독자 1,000명을 6주 만에 달성한 비결

2023년 2월, 유튜브를 시작한 지 한 달 정도 되었을 때의 일이다. 당시 나는 블로그처럼 검색 기반 유입이 아닌, 유튜브의 추천 기반 유입을 어떻게 만들어야 할지 고민하고 있었다. 일주일에 영상 1개씩 총 5개를 업로드했는데, 조회수가 모두 100회 안팎에 머물러 있었다. 6번째 영상도 앞선 영상들처럼 검색 기반의 제목을 지어 올렸다. 하지만 아무도 궁금해하지 않을 것 같아서 얼른 썸네일과 제목을 수정했다.

- 바꾸기 전 썸네일: '수백만의 인생을 바꾼 단 하나의 질문'
- 바꾸기 전 제목: '시먼 시넥의 스타트 위드 와이'

- 바꾼 후 썸네일: '이 영상을 지금 보는 사람과 나중에 보는 사람의 차이는 어마어마할 겁니다'
- 바꾼 후 제목: '1%만 알고 있는 그 법칙 'ㄱㄷㅅㅋ' 이론'

이렇게 수정한 영상은 일주일 만에 조회수 4만 회를 넘어섰고, 이를 계기로 구독자 1,000명을 달성할 수 있었다. 유튜브를 처음 시작해서 구독자 1,000명 달성하는 데 평균 6개월 이상 걸린다는 점을 고려하면, 정말 빠른 속도였다.

그때 깨달았다. 제목에서 모든 정보를 주면, 콘텐츠가 너무 쉽게 외면받는다는 사실을. 그리고 사람들은 '채워지지 않는 빈칸'을 못 견딘다는 사실을.

② 뇌는 빈칸을 고통으로 느낀다

호기심이 이토록 강력한 이유에 대해, 카네기멜론대학교의 행동경제학자 조지 로웬스타인George Loewenstein은 '정보 격차 이론 Information Gap Theory'으로 설명하고 있다. 1994년 발표된 그의 논문에 따르면, 사람은 자신이 알고 있는 것과 알고 싶은 것 사이에 격차가 생길 때 심리적인 결핍과 호기심을 느낀다.

진화심리학적 관점에서도 명확하게 드러난다. 우리 조상들에게 정보는 곧 생존과 직결되었다. "저 수풀 소리가 바람 때문일까? 사자 때문일까?", "저 열매는 먹어도 되는 걸까?"라는 궁금증이 없었다면, 위험을 미리 감지하지 못했을 것이다. 그래서 인간의 DNA에는 '모르는 것을 알고 싶어 하는 본능'이 새겨져 있다. 이 본능은 현대 사회에도 똑같이 작동한다.

③ 현실에서의 활용

이 원리를 가장 잘 활용하는 곳이 바로 금융 플랫폼 '토스Toss'다. 토스는 앱 푸시에서 정보를 직접적으로 보여주지 않는다. '신용카드 결제일 설정하세요'가 아니라, '신용카드 결제일을 14일로 해야 하는 이유'와 같이 고객의 궁금증을 유발한다. 토스는 사용자 재방문을 유도하기 위해 푸시 알림 카피를 적극적으로 설계해온 것으로 알려져 있다. 3,000만 명이 넘는 가입자를 확보한데에는 푸시 문구를 개인화하며 궁금증을 유발한 전략이 중요한역할을 했다고 볼 수 있다.

유튜브 썸네일이나 인스타그램 광고도 마찬가지다. 반응이 좋은 문구에는 공통점이 있다. 이미지나 텍스트로 상황은 보여주되, 결말을 드러내지 않는다는 점이다. 예를 들어, 경찰과 남자가대치하는 이미지에 '경찰이 남자에게 건넨 뜻밖의 한마디'라고적혀있다고 해보자. 사람들은 '뜻밖의 한마디'가 무엇인지 확인해야 궁금증이 해소되기에 클릭할 수밖에 없다.

④ 실전에 바로 쓰기: 결론을 숨기기

호기심 버튼을 사용하는 가장 쉬운 방법은 '정보를 다 주지 않는 것'이다.

패턴 1. 질문형

고객도 미처 생각지 못한 질문을 던져라.

- (x) '다이어트에 운동보다 식단이 중요한 이유'
- (o) '왜 운동선수들은 닭가슴살을 갈아 마실까?'

패턴 2. 지시 대명사 활용

핵심을 직접 말하지 말고 '이것', '그 방법', '한 가지'로 바꿔라.

- (×) '인플레이션이 내 돈을 삭제하고 있습니다.'
- (○) '[이걸] 모르면 평생 월급 노예에서 못 벗어납니다.'

패턴 3. 부정적 정보 격차

모르면 손해 볼 것 같은 공포를 섞어라.

- (×) '보험 가입 시 주의사항'
- (○) '설계사도 절대 가입 안 하는 보험 3가지'

단, 주의할 점이 있다. 호기심 버튼은 '클릭'을 부르는 데는 효과적이지만, 본문에서 그 빈칸을 채워주지 않으면 '낚시'가 된다. 제목에서 약속한 '이것'은 본문에서 반드시 명쾌하게 밝혀야 한다.

2. 오리엔팅 반응: 예측을 깨고 시선을 멈추게 하는 힘

① 갑작스러운 자극이 시선을 빼앗는 이유

조용한 도서관에서 책을 읽고 있다고 상상해 보자. 모두가 숨죽인 채 책장을 넘기는 소리만 들린다. 그런데 갑자기 누군가 "악!" 하고 비명을 지르며 의자를 넘어뜨렸다. 당신이라면 어떻게 반응하겠는가? '음, 무슨 소리지?'라고 이성적으로 생각한 뒤에 고개를 돌릴까? 아니다. 소리가 들리는 순간, 생각보다 몸이 먼저 반응할 것이다. 심장 박동이 빨라지고 동공이 커지며, 모든 감각이 그 소리에 집중될 것이다. 이것이 바로 이반 파블로프Ivan Pavlov가 말한 '오리엔팅 반응Orienting Reflex/Response'이다.

② 생존을 위한 자동 반사

러시아의 생리학자 이반 파블로프는 조건반사 실험으로 유명하지만, 그가 발견한 또 하나의 중요한 개념이 바로 이 오리엔팅 반응이다. 그는 개에게 새로운 소리나 빛을 보여주면, 하던 행동을 즉시 멈추고 자극원을 향해 고개를 돌린다는 사실을 발견했다. 이것은 생존을 위해 프로그래밍된 뇌의 알람 시스템인 셈이다.

더 흥미로운 건 '예측 오류'라는 개념이다. 인간의 뇌는 끊임없이 예측한다. 그런데 그 예측이 빗나가는 순간, 뇌는 "왜 틀렸지?"라는 경보를 울리며 주의를 기울인다. 즉, 우리 뇌는 예상치 못한 변화나 강한 자극이 들어오면, 하던 일을 멈추고 주의를 집중하도록 설계되었다.

마케팅에서 오리엔팅 반응 버튼은 바로 이 메커니즘을 활용한다. 밋밋하고 뻔한 정보의 흐름 속에 갑자기 튀어나온 '의외의 문구'는 고객의 스크롤을 멈추게 만들 정도로 강력한 힘을 발휘한다.

③ 현실에서의 활용

음식 배달 플랫폼인 '배달의민족'은 초기 마케팅에서 이 오리엔팅 반응을 적극적으로 활용했다. '치킨은 살 안 쪄요, 살은 내가 쪄요' 같은 역설적 문구로, 새로움과 불일치를 만들어 주의를 끌었다. 옥외광고에서도 같은 전략을 반복했다. 이대역 앞에는 뜬금없이 '경희야, 넌 먹을 때가 제일 이뻐'라는 문구를 내걸었고, 성형외과가 밀집한 신사역 앞에는 '다이어트는 포샵으로'라는 광고를 부착했다. "이게 배달 앱 광고라고?"라는 당혹감과 함께, 그 낯섦이 자연스럽게 시선을 붙잡은 것이다.

크라우드 펀딩 플랫폼인 '와디즈'의 상세페이지에서도 이 전략은 자주 등장한다. 화장품을 판매하는 곳은 '제발 그만 바르세요. 화장품 다이어트가 필요합니다'라거나 '피부과 망할까 봐 의사들이 싫어하는 클렌저'라고 도발한다.

나 역시 유튜브 콘텐츠 제목을 지을 때 이 원리를 활용했다. '아무리 빚이 많아도 절대 100% 갚지 마세요!'처럼 이성적으로 납득하기 어려운 메시지(역설)나 상식을 정면으로 부정하는 문장(반전)은 뇌의 예측 시스템에 오류를 일으킨다. 뇌는 "어? 내가 알던 상식과 다른데? 위험한 건가? 아니면 새로운 기회인가?"라고 판단을 끝내기까지, 시선을 붙잡아둔다.

④ 실전에 바로 쓰기: 상식 비틀기

오리엔팅 반응을 텍스트로 구현하는 핵심은 '예측 불가능성'이다. 고객이 "아, 또 뻔한 소리겠지"라고 예상하는 그 지점을 비틀어야 한다.

패턴 1. 통념 부정

당연하다고 믿는 상식을 뒤집어라.

- (×) '열심히 노력하면 성공합니다.'
- (○) '당신이 가난한 이유는 너무 열심히 일하기 때문입니다.'

패턴 2. 부정 명령

하지 말라고 하면 더 하고 싶어지는 청개구리 심리를 자극하라.

- (×) '이 강의 꼭 들으세요.'
- (○) '지금 당장 돈 벌고 싶은 분은 들어오지 마세요.'

패턴 3. 자기 비하·약점 노출

자랑만 하는 광고판 속에서 약점을 드러내면 오히려 눈에 띈다.

- (×) '세계 최고의 맛, 완벽한 햄버거'
- (○) '죄송합니다. 빵이 너무 커서 먹기 불편할 수 있습니다.'

버튼을 눌렀다면, 이제 증명하라

우리는 지금 고객의 발걸음을 멈춰 세우는 2가지 강력한 무기를 얻었다. '호기심 버튼'으로 뇌의 빈칸을 자극해 클릭을 유도하고, '오리엔팅 버튼'으로 상식을 깨부수어 시선을 고정시키는 방법이다.

하지만 이 두 버튼은 어디까지나 '입구'일 뿐이다. 자극적인 제목에 이끌려 들어갔다가 허무하게 페이지를 닫은 경험을 떠올려 보라. 고객이 "이거 뭐야?" 하고 들어왔는데, 내용이 부실하거나 앞뒤가 맞지 않으면 속았다고 느끼며 배신감에 휩싸인다.

주목을 끌었다면, 이제 그 주목이 헛되지 않았음을 증명해야 한다. "와, 들어와 보길 잘했다"라는 안도감을 줘야 한다. 그러기 위해서는 "이 사람은 믿을 만하다", "이 제품은 진짜다"라는 확신을 심어주는 과정이 필요하다. 그것이 바로 뒤이어 다룰 두 번째 단계, '신뢰 버튼'이다. 다수의 힘과 전문가의 권위를 빌려 고객의 경계심을 무장해제시키는 방법을 알아보자.

3

의심을 확신으로 바꾸는 '신뢰' 버튼

호기심과 충격으로 고객의 발걸음을 멈춰 세웠는가? 이제 멈춰 선 고객의 머릿속에는 자연스럽게 거대한 방어 기제가 작동하기 시작할 것이다.

"이거 믿어도 될까?"

"말만 번지르르한 거 아니야?"

온라인 환경에서 고객은 본능적으로 경계한다. 이 의심의 벽을 깨뜨리지 못하면, 아무리 좋은 상품도 결제까지 이어질 수 없다. 이때 필요한 것이 바로 '신뢰 버튼'이다.

인간은 불확실한 상황에서 판단을 내려야 할 때 2가지 신호에 의존하도록 진화했다. 하나는 "남들도 다 하는가?"고, 다른 하나는 "전문가가 인정했는가?"이다. 이 책에서는 이를 각각 '사회적 증거 버튼'과 '권위 버튼'이라 부른다.

1. 사회적 증거: 다수의 힘을 빌리는 기술

① 텅 빈 식당의 공포

생활비가 빠듯했던 대학 시절, 종종 찾던 지하상가의 식당이 있다. 좁은 골목에 식당들이 빼곡하게 줄지어 있는데, 유독 사람이 없는 곳이 있었다. 옆집과 같은 메뉴에 가격은 더 저렴한데도 손님이 없었다. 500원이라도 아끼는 게 중요한 시기였지만, 나는 그 식당을 매번 지나칠 뿐 한 번도 간 적이 없다. 맛이 있는지 없는지도 끝내 알아내지 못했다.

반면 내가 자주 가던 식당은 구석진 위치에 이상한 소문까지 돌았다. 그런데도 사람들이 대기 명단을 쓰고, 줄 서서 기다리며 먹는 곳이었다. 기다리는 걸 좋아하지 않는 나조차 줄 서서 먹었던 기억이 생생하다.

흥미롭지 않은가? 실제로 맛을 보기 전임에도, 우리는 대체로 사람들이 몰리는 쪽을 택한다. 실패할 가능성이 더 낮아보이기 때문이다. 이것이 바로 '사회적 증거'가 작동하는 방식이다.

② 틀린 줄 알면서도 따르는 이유

이러한 현상을 과학적으로 증명한 유명한 실험이 있다. 1951년, 심리학자 솔로몬 애쉬Solomon Asch의 '동조 실험'이다. 그는 참가자들에게 선 하나를 보여주고, 보기 중에서 그 선과 길이가 같은 선을 고르게 했다. 정답은 너무나 명확해서 유치원생도 맞힐 수 있는 수준이었다. 하지만 애쉬는 일부러 틀린 답을 말하는 '바람잡이'들을 투입했다. 그들은 오답을 자신 있게 말했다. "B입니다!", "저도 B요!", "당연히 B죠!" 놀랍게도 마지막 순서의 참가자 75%가 자신의 눈을 의심하며 오답인 B를 선택했다.

인간은 사회적 동물이다. 그래서 불확실한 상황에 놓이면 "내 눈엔 A가 정답인데, 남들이 다 B라고 하니까 그쪽이 더 안전하겠지"라고 판단한다. 이처럼 '다수의 선택 = 정답'이라는 공식은 오랜 시간에 걸쳐 인간의 뇌에 깊이 박힌 생존 알고리즘에 가깝다.

③ 숫자와 순위의 마법

온라인 마켓에서 이 사회적 증거 버튼은 숫자로 치환된다. 쇼핑몰에서 물건을 살 때 우리는 상세페이지에 적힌 스펙부터 보지 않는다. 가장 먼저 시선이 가는 곳은 리뷰 수와 별점이다. 리뷰가 10개인 제품과 10,000개인 제품이 있다면, 가격이 조금 비싸더라도 10,000개인 쪽을 선택한다. 실패하고 싶지 않기 때문이다.

그렇다면 리뷰와 별점이 없는 크라우드 펀딩 플랫폼은 어떻게 이 버튼을 구현할까? 와디즈 같은 경우, 펀딩 목표액 달성률과 금액을 전면에 띄운다. 혹은 프로젝트 메인 이미지에 '12,459% 달성!', '2,300명 참여', '8차 완판', 'OO분야 1위' 같은 숫자를 큼지막하게 쓴다. 이 숫자는 말없이 압박한다. "이렇게 많은 사람이 선택했는데, 당신은 무얼 하고 있느냐?"라고 말이다.

이렇듯 숫자는 상품의 모든 것을 장황하게 설명하지 않아도 '뭔가 있겠지'라는 믿음을 심어준다. 그래서 숫자를 활용하여 전환이 일어날 가능성을 높이는 것은 정말 중요하다.

④ 실전에 바로 쓰기: 구체적인 숫자로 증명하라

당신의 글에 사회적 증거를 심는 가장 쉬운 방법은 모호한 형용사를 '구체적인 숫자'로 바꾸는 것이다.

패턴 1. 누적 데이터

지금까지 쌓아온 기록을 숫자로 보여줘라.

- (×) '많은 분이 구매하셨습니다.'
- (○) '누적 판매 1,423건, 5차 재입고 완료'

패턴 2. 실시간 현황

지금 이 순간에도 인기가 있음을 숫자로 보여줘라.

- (×) '인기 폭주 중!'
- (○) '현재 43명이 이 상품을 보고 있습니다.'

패턴 3. 베스트 순위

사람들은 1등을 신뢰한다. 카테고리를 좁혀서라도 그 자리를 차지하라.

- (×) '성능 좋은 선풍기'
- (○) '네이버 쇼핑 [무소음 선풍기] 부문 판매 1위'

이제 막 시작하는 단계라서 보여줄 숫자가 없을 땐 어떻게 하면 좋을까? '유사 사회적 증거'를 만들어야 한다. 체험단을 모집하거나, 지인에게 먼저 써보게 한 후 리뷰를 확보하는 것이다. 혹은 단기간의 작은 성과라도 숫자로 치환해서 보여줘야 한다. '오픈 3일 만에 문의 70건 폭주'처럼 말이다. 0은 불신을 낳지만, 10은 가능성을 보여준다.

2. 권위: 판단을 대신 내려주는 장치

① 흰 가운의 위엄

사회적 증거가 '옆 사람'을 보고 따라 하게 만든다면, 권위는 '윗사람'을 보고 따르게 만든다. 병원에 갔을 때를 떠올려 보자. 의사가 "이 약은 부작용이 있을 수도 있지만 드셔야 합니다"라고 말하면, 우리는 쉽게 반박하지 못한다. 그가 '의사'이기 때문이다. 이것이 권위의 힘이다. 우리는 전문가의 판단이 자신의 결정보다 안전하다고 느끼는 경향이 있다.

② **원리: 생각의 지름길**

예일대학교의 심리학자 스탠리 밀그램Stanley Milgram은 이 현상을 한 실험으로 증명했다. 그는 실험 참가자인 교사들에게 학생이 문제를 틀릴 때마다 전기 충격을 가하라고 지시했다. 실제로는 전기 충격 버튼을 누른다고 전기가 흐르진 않았지만, 학생(훈련된 연기자)이 실제로 감전된 듯 고통스럽게 비명을 질렀다. 하지만 흰 가운을 입은 연구자가 "실험을 계속 진행해야 합니다"라고 단호하게 지시하자, 무려 참가자의 65%가 최고 전압까지 버튼을 눌렀다. 이 실험은 인간이 권위자 앞에서는 자신의 도덕적 판단조차 유보한다는 것을 보여준다. 즉, 권위 있는 사람의 명령에는 '그럴만한 이유가 있겠지' 하고 책임을 떠넘기며 행동한다는 것이다.

나 역시 권위의 영향력에 취약하다는 걸 여러 번 경험했다. 평소에는 건강기능식품을 잘 챙겨 먹지 않는 편인데도, '20년 연구', '건강 분야 권위자의 공식 보증' 같은 문구를 보고 이성이 흐려져 곧바로 구매한 적이 있다. 마케팅에서 권위는 고객의 의사결정 피로를 줄여주는 역할을 한다.

③ **현실에서의 활용**

넷플릭스는 작품 소개에 '아카데미 시상식 3관왕', '칸 영화제 초청작' 같은 문구를 넣어, 재생 버튼을 누르게 만든다. 평론가나 시상식이라는 권위가 작품의 가치를 보증해 주기 때문이다. 온라인 강의 플랫폼의 상세페이지 역시 구조는 비슷하다. 가장 먼저 눈에 들어오는 것은 강사의 화려한 이력이다. '전) 구글 엔지니어', '현) 대기업 면접관' 같은 타이틀은 '이 사람에게 배우면 나도 잘할 수 있겠다'라는 환상과 신뢰를 심어준다. 실제로 일부 수강생은 강의 커리큘럼보다 강사 프로필만 보고 결제한다고도 한다.

광고에서는 이 방식이 더 노골적으로 쓰인다. 치약에는 '치과 의사 10명 중 9명 추천', 주식 관련 책에는 '워런 버핏 강력 추천', 건강기능식품에는 '식약처 기능성 인증' 마크를 전면에 내세운다. 화장품 광고에는 '유명 연예인'을 모델로 등장시킨다. 모두 권위의 힘을 빌린 것이다.

이쯤 되면 이런 생각이 들 수 있다. '나는 전문가도 아니고, 유명하지도 않은데 어쩌지?', '내세울 만한 타이틀이 하나도 없는데…'라고 말이다. 괜찮다. 권위는 만들거나 빌려올 수 있다.

④ 실전에 바로 쓰기: 권위를 입거나 빌리거나

패턴 1. 직접 권위(자격 증명)

자격증, 수상 내역, 경력 연수 등 객관적으로 검증 가능한 '훈장'을 보여줘라.

- (×) '영어를 잘 가르칩니다.'
- (○) '토익 만점 15회, 강남 YBM 1타 강사 출신'

패턴 2. 간접 권위(제삼자 추천)

나에게 권위가 없다면, 권위 있는 사람이나 브랜드와 함께 있는 모습을 보여줘라. 만약 전문가나 기관의 인증을 받았다면 적극 활용하라.

- (×) '좋은 성분의 화장품입니다.'
- (○) '강남 청담동 피부과에 납품되는 앰플입니다.'
- (○) 'OOO 교수 강력 추천'
- (○) '한국영양학회 공식 파트너'

패턴 3. 이력도 인맥도 전문성도 부족하다면

첫째, 작은 권위라도 구체적으로 제시하는 것이 효과적이다. '10년 경력'보다 '5년간 547명을 직접 상담한 경험'처럼 범위와 수치를 함께 제시하면 신뢰의 밀도가 높아진다. 추상적 표현보다 구체적 정보가 판단의 근거가 된다.

둘째, 반복된 경험은 숫자로 바꿀 수 있다. 자격증이나 수상이 없어도 괜찮다. '3년간 127개 프로젝트 완수', '누적 고객 1,243명', '재구매율 93%'처럼 반복된 경험은 곧 권위가 된다.

셋째, 과정의 구체성은 전문성을 드러내는 지표가 된다. '독학 3년'보다 '매일 2시간씩 1,095일간 상세페이지 분석', '3년간 189개 실패 사례 연구로 위험 요소 완벽 차단', '1년간 영단어 3만 개 암기하며 알게 된 최적의 암기법'처럼 노력의 방식을 구체적으로 드러내는 쪽이 더 설득력을 갖는다.

넷째, 남의 권위를 빌려 인용할 수 있다. 본인이 권위자가 아니어도 괜찮다. '하버드대학교의 한 연구에 따르면', '워런 버핏의 가치투자 방식을 바탕으로', 'OO 전문가와의 인터뷰에서'처럼 권위자의 견해를 인용하는 것만으로도 신뢰가 생긴다.

다섯째, 공식적인 타이틀이 아니더라도 검증 가능한 이력은 의미를 갖는다. 민간 자격, 교육 과정 수료, 협회 활동 등은 절대적 기준은 아니지만, 아무런 정보가 없을 때보다는 판단의 근거를 제공한다.

이렇듯 권위는 매우 강력한 무기다. 하지만 출처가 불분명하거나 과장된 권위는 그동안 쌓아 올린 신뢰를 무너뜨릴 정도로 치명적이다. 시작이 미약해도 괜찮다. 지금 당장 가진 것으로 권위를 만들고, 그것을 키워나가자.

[경고] 신뢰의 가면을 쓴 함정

여기서 한 가지 짚고 넘어가야 할 점이 있다. '사회적 증거'와 '권위'는 신뢰 형성에 효과적이지만, 이것들이 신뢰의 만능열쇠는 아니라는 사실이다. 사회적 증거는 얼마든지 조작될 수 있기 때문이다. 리뷰나 찜하기 숫자는 인위적으로 늘릴 수 있고, 많은 사람이 샀다고 해서 그 상품의 품질을 자동으로 보장해 주는 것도 아니다. 권위 역시 마찬가지다. 특정 직함이나 자격이 실제 역량을 보증해 주지는 않는다.

고객들도 이미 이 사실을 알고 있다. 그래서 화려한 숫자나 타이틀 너머에 있는 '진짜'를 찾으려 한다. "그래서 이걸 쓰면 무엇이 달라지는가?" 이 질문에 답하지 못하면, 그동안 쌓아 올린 숫자와 권위는 모래성처럼 무너진다.

그래서 진정한 신뢰의 마침표는 '결과 증명'으로 찍어야 한다. "이렇게 하면Action, 이렇게 됩니다Result"를 명확하게 보여주는 것이다.

- 포트폴리오: 컨설팅한 유튜브 채널 3곳 모두 매출 30% 이상 증가
- 변화 비교: 피부 트러블이 3주 만에 개선되었음을 보여주는 사진
- 실험 데이터: 공기청정기를 가동 후 10분 만에 미세먼지 수치가 90에서 5로 감소하는 영상

고객은 당신의 직함보다 결과를 더 믿는다. 다이어트 약을 파는데 '약사가 만들었다(권위)'라거나 '1만 명이 샀다(사회적 증거)'라고 설명하는 것보다, '3개월 만에 15kg을 감량한 과정'을 보여주는 것이 훨씬 더 강력하다. 그러니 기억하자. 숫자와 권위는 고객의 마음을 열 뿐이다. 고객의 지갑을 열게 만드는 것은 결국

당신이 만들어낸 '실질적인 결과물'이다. 그러니 껍데기만 화려하게 꾸미려 하지 말고, 알맹이를 증명하는 데 힘을 쏟자.

믿게 만들었다면, 이제 가치를 입증하라

우리는 고객의 의심을 걷어내는 강력한 신뢰 버튼을 손에 넣었다. 사회적 증거로 "남들도 다 샀어"라며 안심시키고, 권위로 "전문가도 인정했어"라며 이성을 마비시키고, 결과 증명으로 "이렇게 될 거야"라는 쐐기를 박았다. 그 결과, 고객은 당신의 상품에 대한 의심을 내려놓기 시작했다. 구매 버튼에 손가락을 올리기 직전이다.

그런데 마지막으로 현실적인 장벽이 남았다. 바로 '가격'이다. "좋은 건 알겠는데, 가격이 좀 비싼 거 아니야?" 이 질문이 떠오르는 순간, 고객은 뒤로 가기를 누를 수 있다. 이를 막기 위해, 우리는 고객이 느끼는 '가격의 무게'를 조절해야 한다.

다음 단계에서는 '가치 버튼'을 통해, 똑같은 가격도 '합리적이다', 나아가 '오히려 싸다'라고 느끼게 만드는 뇌의 착시 현상을 다룬다. 그 마법의 세계로 가보자.

4

10배 더 갖고 싶게 만드는 '가치' 버튼

주목을 끌고(1단계), 신뢰까지 얻었다(2단계). 고객은 이제 당신의 상품이 좋다는 것을 안다. 그럼에도 가격 때문에 결제 버튼 앞에서 멈칫한다. 이 지점에서 초보 판매자는 당황해서 가격을 낮추려 한다. 하지만 숙련된 판매자는 가격을 건드리지 않는다. 대신 고객이 느끼는 '가치'를 건드린다.

가격은 절대적인 숫자가 아니다. 똑같은 5,000원짜리 커피라도 자판기에 쓰여 있으면 비싸 보이지만, 고급 호텔 라운지에 있으면 합리적으로 느껴진다. 우리가 비싸다고 느끼는 건 가격표 때문이 아니라, 뇌가 비교하고 있는 '기준' 때문이다. 그렇다면 이 기준을 내 마음대로 정할 수 있다면 어떨까? 이것을 가능하게 하는 2가지 버튼이 있다. '참조점 효과 버튼'과 '프레이밍 버튼'이다.

1. 참조점 효과: 숫자의 무게를 조절하는 기술

① 스티브 잡스의 발표

아이패드를 처음 세상에 공개하던 2010년, 스티브 잡스는 프레젠테이션 화면에 거대한 글씨로 '$999'를 띄웠다. 그러고는 말했다. "전문가들은 이 혁신적인 기기의 가격이 999달러 정도일 것이라고 예상합니다." 관중들의 머릿속에 999라는 숫자가 깊이 박히는 순간이었다. 잠시 후 그는 웃으며 말했다. "하지만 우리는 그렇게 하지 않았습니다." 화면의 999달러가 산산조각 나면서 새로운 숫자가 등장했다.

'$499'

관중석에서는 환호성이 터져 나왔다. 사실 499달러(당시 약 60만 원)는 태블릿 PC로서 결코 저렴한 가격이 아니었다. 하지만 이미 999달러라는 기준이 심어진 상황에서 499달러는 '반값 세일'이나 다름없었다. 만약 처음부터 499달러만 보여줬다면 반응이 그렇게 뜨거웠을까? 아마 아니었을 것이다. 이것이 바로 '참조점 효과'의 힘이다.

② 닻을 어디에 내리느냐의 싸움

행동경제학의 창시자인 대니얼 카너먼Daniel Kahneman은 이를 '앵커링 효과Anchoring Effect'라고 불렀다. 배가 닻을 내리면 밧줄 길이만큼만 움직일 수 있듯, 인간의 뇌 역시 처음 제시된 숫자에

닻을 내리고 그 주변에서만 가치를 판단한다는 의미다.

여기에 리처드 탈러Richard H. Thaler 교수의 '거래 효용Transaction Utility 이론'이 더해진다. 소비자는 물건의 절대 가치가 아니라, 자신이 예상한 참조 가격보다 저렴하게 살 때 기쁨(효용)을 느낀다. 즉, 당신의 상품이 비싸게 느껴지는 이유는 가격이 높아서가 아니다. 고객의 머릿속에 있는 참조점(닻)이 당신의 가격보다 낮게 설정되어 있기 때문이다.

해결책은 간단하다. 고객에게 가격표를 보여주기 전에, 내가 원하는 높은 숫자에 먼저 닻을 내리면 된다.

③ 현실에서의 활용

명품 매장 입구에는 수천만 원을 호가하는 고가 상품이 진열되어 있다. 흥미로운 점은, 매장 직원들조차 그 상품들이 실제 구매로 이어질 가능성을 높게 보지 않는다는 점이다. 그럼에도 굳이 이렇게 배치하는 이유는 명확하다. 소비자의 무의식에 높은 가격대를 '기준점'으로 각인시키기 위해서다. 고객은 매장 안쪽에 진열된 상대적으로 저렴한 상품을 보며 '이 정도는 살 만하네'라고 생각한다.

온라인 강의 시장 역시 앵커링의 전쟁터다. 무료 강의로 사람들을 모으고, 강의 끝에 고가의 프로그램을 세일즈한다. 이때 강의에 담긴 가치와 혜택 등을 나열하며 강의 가격을 500만 원, 1,000만 원 이상으로 제시한 뒤, 마지막에 '라이브 한정 특가

290만 원'이라고 할인된 가격을 공개한다. 그렇게 하면 고객은 290만 원을 지출한다고 생각하지 않는다. 1,000만 원짜리를 저렴하게 얻는다고 생각한다.

직접 고가 강의를 여러 개 들어본 입장에서 말하자면, 가격에 비해 실망스러운 경우도 적지 않았다. 앵커링은 강력하지만, 그만큼 악용되기 쉽다는 점도 기억해두자.

④ 실전에 바로 쓰기: 비교 대상을 소환하라

참조점 버튼을 누르는 핵심은 '비교'다. 가격을 절대 혼자 세워두지 말자. 더 비싼 대상을 옆에 세우자.

패턴 1. 높은 앵커 제시

가장 고전적이지만 가장 강력한 방법이다. 먼저 높은 기준 가격을 제시한 뒤, 현재 가격을 보여줘라.

- (×) '판매가 39,000원'
- (○) '정상가 180,000원 → 특별가 39,000원(정가의 22% 가격)'
- (○) '1:1 코칭 50만 원 → 오늘만 10만 원(80% 할인)'

패턴 2. 가치 합산

상품을 구성하는 요소 각각의 가격을 제시한 뒤 합산해서 보여줘라.

- (×) '전자책 + 코칭권 = 10만 원'

- (○) '전자책(5만 원) + 코칭권(10만 원) + 템플릿(3만 원) = 총 18만 원 상당 → 오늘만 10만 원'

패턴 3. 비용 대비 효과(ROI)

이 돈을 안 썼을 때 발생할 손해(기회비용)와 비교하라.

- (×) '식기세척기 100만 원'
- (○) '100만 원으로 매일 설거지하는 30분의 노동 시간을 평생 줄일 수 있습니다. 최저시급으로 계산해도 1년이면 본전입니다.'

패턴 4. 비교 제시

시중 가격이나 경쟁사와 비교하라.

- (×) '우리 은행 대출 금리 3.5%'
- (○) '시중 은행 평균 대출 금리 4.5% → 우리 은행 대출 금리 3.5%(연 1% 이득)'
- (○) '타사 견적 150만 원 → 자사 견적 98만 원(약 35% 절감)'

패턴 5. 묶음 제시(3단계 가격)

최소 3개 옵션을 제시하되, 중간을 가장 매력적으로 만들어라.

- (×) '기본 플랜 10만 원 | 프리미엄 플랜 30만 원'
- (○) '베이직 10만 원 | 스탠다드 20만 원(추천) | 프리미엄 50만 원'

- (○) 'Small 9,900원 | Medium 29,000원(가성비) | Large 20만 원'

상품 없이 숫자와 텍스트만 봤을 뿐인데도, 인식되는 가치는 달라진다.

2. 프레이밍: 인식의 틀을 바꾸는 기술

① 같은 정보, 다른 선택

두 의사가 환자에게 각각 수술을 제안한다.

- A 의사: "이 수술의 생존율은 90%입니다."
- B 의사: "이 수술의 사망률은 10%입니다."

내용은 똑같다. 하지만 환자들의 반응은 극명하게 갈렸다. A 의사 앞에서는 대부분 수술 동의서에 서명하지만, B 의사 앞에서는 주저하거나 거절한다. '생존'이라는 단어는 희망의 프레임을 씌우고, '사망'이라는 단어는 공포의 프레임을 씌우기 때문이다. 이것이 바로 '프레이밍 효과'다. 같은 내용이라도 어떤 프레임에 담아 보여주느냐에 따라, 고객의 인식은 180도 달라진다.

② 판단은 프레임 위에서 이뤄진다

심리학자 아모스 트버스키Amos Tversky는 인간의 선택이 절대적인 효용보다 정보가 제시되는 방식에 더 크게 영향받는다는 사실을 증명했다. 인간은 정보를 있는 그대로 받아들이지 않는다. 늘 프레임이라는 색안경을 끼고 해석한다.

프레이밍은 비용(고통)을 단순한 지출이 아닌 투자(이득)나 혜택으로 바꾸는 장치다. 고객은 돈이 빠져나간다고 느끼는 순간 지갑을 닫는다. 따라서 더 큰 이득을 얻는다고 느끼게 해야 한다.

여기서 중요한 사실이 하나 있다. 우리의 뇌는 이득보다 손실에 훨씬 민감하게 반응한다는 점이다. 같은 정보라도 얻는 것으로 프레이밍하면 긍정적으로 받아들이고, 잃는 것으로 프레이밍하면 부정적으로 반응한다. 앞서 환자의 사례에서 보았듯, '90% 성공'은 희망이지만 '10% 사망'은 공포다. 이렇듯 우리 뇌는 프레임이 달라지는 순간, 같은 사실도 전혀 다른 의미로 해석한다.

③ 현실에서의 활용

온라인 쇼핑몰에서 자주 보는 문구가 있다.

'배송비 무료(30,000원 이상 구매 시)'

이는 배송비를 아까워하는 고객의 심리를 역이용한 것이다. 고객은 배송비를 아끼기 위해 기꺼이 상품을 하나 더 장바구니에 담는다. 배송비 지출이라는 손실 프레임을 무료배송 혜택이라는 이득 프레임으로 전환시킨 것이다.

구독 서비스 역시 마찬가지다. '1년 구독료 60,000원'은 부담스럽지만, '월 5,000원, 커피 한 잔 값'은 부담이 확 줄어든다. 심지어 '하루 160원으로 즐기는 무제한 콘텐츠'라고 쪼개면, 거절하는 것이 오히려 손해처럼 느껴진다.

같은 골목에 두 식당을 놓고 고민한다고 해보자. 메뉴판을 봤더니 A 식당은 '김치찌개 - 12,000원'이라고 적혀 있고, B 식당은 '3년 숙성 묵은지로 끓인 전통 김치찌개 - 12,000원'이라고 쓰여 있다. 두 김치찌개의 맛은 비슷할지 모르지만, 당연히 B 식당에 더 가고 싶을 것이다. '3년 숙성', '묵은지', '전통'이라는 단어들이 가격 위에 가치를 더했기 때문이다.

당신의 제품도 마찬가지다. 어떻게 표현하느냐에 따라 가치는 2배가 될 수도, 10배가 될 수도 있다.

④ 실전에 바로 쓰기: 긍정의 안경 씌우기

프레이밍의 핵심은 '같은 사실을 다르게 포장하는 것'이다.

패턴 1. 이득 프레임

할인율을 강조하며 돈을 번다고 느끼게 하라.

- (×) '현재 가격 30,000원'
- (○) '지금 구매하면 15,000원 이득(내일부터 인상)'

패턴 2. 비용 → 투자·가치

'돈이 나가는 것'에서 '가치를 얻는 것'으로 바꿔라.

- (×) '강의 수강료 30만 원'
- (○) '평생 수익 자산을 만드는 투자 30만 원'
- (○) '병원비 300만 원 vs 예방 비용 30만 원(270만 원 절약)'

패턴 3. 소유 프레임

단순히 이용하는 것이 아니라 '내 것'이 된다는 점을 강조하라.

- (×) '1개월 이용권'
- (○) '30일 무제한 소장권', '멤버십 평생 회원'

패턴 4. 단위 쪼개기

큰 금액을 최소 단위로 쪼개서 부담을 낮춰라.

- (×) '연회비 12만 원'
- (○) '하루 330원, 껌 한 통보다 저렴한 가격'

프레임이 바뀌면 이렇게 가치 인식이 완전히 달라진다. 비싸다고 느끼게 할지, 합리적이라고 느끼게 할지, 나아가 이득이라고 느끼게 할지는 전적으로 당신에게 달려 있다.

이제 망설일 이유가 없다

우리는 참조점 효과를 통해 높은 가격을 합리적으로 보이게 만들었고, 프레이밍을 통해 지출의 고통을 혜택의 기쁨으로 바꾸었다. 이제 고객의 머릿속 계산기는 두드려졌다. "원래 100만 원짜리인데 30만 원이면 진짜 싼 거네. 게다가 하루 1,000원꼴이면 거의 공짜나 다름없군. 상품도 좋고, 믿을 만하고, 가격도 합리적이야." 여기까지 오면 완벽해 보이지만, 여기서 안심하면 안 된다. 고객은 이 상품을 보고 마지막으로 이렇게 생각하기 때문이다.

"좋아, 사겠어. 그런데 월급 들어오면 사야지."

"일단 장바구니에 담아두고 나중에 결제해야지."

인간은 본능적으로 변화를 미루는 경향이 있다. 고객이 말하는 '나중에'는 실제 행동으로 이어지지 않는 경우가 많다. 결제 버튼을 누르지 않은 채 화면을 벗어나는 순간, 관심은 빠르게 식는다. 이 지점에서 필요한 것은 논리적인 설득이 아니다. 지금 행동하지 않으면 손해를 본다는 인식을 만들어, 결정을 미루지 못하게 만들어야 한다. 이것이 바로 마지막 단계에서 작동해야 할 '긴급 버튼'이다.

5

'언젠가'를 '지금'으로
바꾸는 마지막 버튼

2023년 3월, 지인이 운영하는 필라테스 센터의 블로그 마케팅을 도와주게 되었다. 나는 블로그 글을 정성껏 쓰고, 전단지도 직접 만들어 배포했다. 지역 맘카페에서 활동하고, 공단 게시판에 글을 올리는 것도 잊지 않았다. 심지어 주변 카페와 제휴를 맺어 고객에게 선물을 주는 이벤트까지 기획했다. 할 수 있는 건 다 했다. 반응도 나쁘지 않았다. 블로그 조회수가 오르고, 문의도 간간이 들어왔다. 그런데 치명적인 문제가 있었다. 사람들이 문의만 하고, 정작 등록은 하지 않았다. 고객들은 "생각해 보고 연락 드릴게요"라는 말을 남긴 채 다시는 돌아오지 않았다. 도대체 뭐가 문제인지 답답함만 쌓여갔다.

그러던 중 '블로그 마케팅 원데이 클래스'를 듣게 되었다. 나는 그동안 마케팅 공부를 꽤 해왔기에, 실제로 강의 내용의 95%는 익숙한 이야기였다. 그런데도 그 강의는 내게 결정적인 한 가지를 남겼다. 나는 한 가지를 빠뜨린 채 글을 쓰고 있었다. 문제는 글에 있지 않았다. 사람들에게 '지금 당장' 등록해야 할 이유를 주지 않고 있었던 것이다. 다시 말해, 마지막에 고객의 등을 떠미는 한마디가 빠져 있었다.

그날 이후 나는 모든 글의 마지막에 전환으로 이어질 확률을 높이는 장치를 심기 시작했다. 이를 마케팅 용어로 'CTA Call To Action(행동 유도)'라고 부른다. 결과는 놀라웠다. 두 달 만에 매출이 7배나 올랐다. 서비스가 바뀐 것도, 가격을 낮춘 것도 아니었다. 블로그 글 내용도 이전과 똑같았다. 마지막에 긴급성을 부여하는 한 문장을 추가했을 뿐인데 결과가 180도 달라졌다.

미루는 뇌를 움직이는 유일한 버튼

이와 같은 마케팅 사례에서 볼 수 있듯, 많은 판매자들이 긴 과정을 잘 밟아놓고도 마지막 단계에서 성과를 놓친다. 주목을 끌었고, 신뢰를 쌓았으며, 가격에 대한 저항도 낮췄다. 고객은 상품의 필요성과 합리성까지 인식한 상태다. 그럼에도 결제는 이루어지지 않는다. 이유는 단순하다. 인간은 결정을 미루는 데 매우 능숙하기 때문이다.

"월급 들어오면 사야지"

"배우자랑 상의해 보고"

"다음 기회에"

하지만 그 '다음'은 대부분 오지 않는다. 뇌과학적으로 인간은 현재의 편안함을 유지하려는 강력한 관성을 가지고 있다. 지갑을 여는 행위, 결단을 내리는 행위는 뇌의 에너지 소모를 동반한다. 그래서 가능한 한 뒤로 미루려고 한다.

이 관성을 끊어내는 방법이 있다. 바로 7번째 버튼, '긴급 버튼'이다. 이 버튼은 고객의 손을 잡아 결제 버튼으로 옮겨놓는 것과 같다. "지금 결단하지 않으면, 당신은 손해를 보게 될 겁니다." 이 강력한 심리의 핵심에는 '손실 회피'가 있다.

손실 회피: 얻는 기쁨보다 잃는 고통이 크다

길을 가다가 우연히 10만 원을 주웠을 때와 지갑에 있던 10만 원을 잃어버렸을 때를 떠올려 보자. 금액은 같지만 감정의 강도는 다르다. 후자의 불쾌감과 스트레스가 훨씬 오래 지속된다.

심리학자들은 이 지점을 궁금해했다. 이성적으로는 금액이 같으니 감정의 크기도 같아야 한다. 하지만 대니얼 카너먼과 아모스 트버스키가 정립한 '전망 이론'에 따르면 결과는 꽤 흥미롭다. 인간은 동일한 금액이라도 무언가를 얻을 때의 기쁨보다 잃었을 때의 고통을 약 2.5배 더 크게 느낀다는 것이다. 다시 말해, 10만 원을 잃은 충격을 상쇄하려면 약 25만 원을 얻어야 비로소 본전이라고 느낀다.

이것이 바로 '손실 회피 편향'이다. 우리 DNA에는 이득을 취하는 것보다 손해를 피하는 것이 생존에 더 중요하다는 명령어가 깊이 각인되어 있다. 원시 시대에는 하루치 식량을 잃는 것은 생명을 위협하는 일이었지만, 하루치 식량을 더 얻는다고 해서 하루 더 사는 것을 보장하지는 않았다. 그래서 우리 뇌는 얻는 것보다 잃지 않는 것에 더 민감하게 반응하도록 진화했다.

이 때문에 대부분의 초보 마케터는 '이득'을 강조한다. '이 강의를 들으면 매출이 오릅니다', '이 화장품을 쓰면 피부가 좋아집니다'라고 말이다. 하지만 숙련된 판매자들은 '이 강의를 놓치면 매출 상승 기회를 잃게 됩니다', '지금 바르지 않으면 피부 노화를 되돌릴 수 없습니다'라며 '손실'을 제시한다. 고객은 이득보다 손실 가능성에 더 민감하게 반응하기 때문이다.

긴급 버튼의 핵심은 바로 이 두려움을 건드리는 데 있다. 손실의 공포를 자극하는 데 3가지 전략이 있다. '희소성(수량)', '긴급성(시간)', 그리고 'FOMO(복합)'다.

전략 1: 희소성—"이게 마지막입니다"

① 쿠키 단지의 실험

사회심리학자 스티븐 워첼Stephen Worchel은 흥미로운 실험을 했다. 참가자들에게 쿠키 맛을 평가하게 했는데, 한 그룹에는 쿠키가 10개 가득 담긴 단지를, 다른 그룹에는 쿠키가 딱 2개 남은 단지를 보여줬다. 쿠키는 모두 똑같은 제품이었다. 실험 결과 2개 남은 단지의 쿠키가 훨씬 더 맛있게 평가받았고, 더 비싼 가격을 지불할 의향도 나타났다. 더 흥미로운 사실은 두 번째 실험에서 나타났다. 처음에 쿠키 10개가 담긴 단지를 준 그룹에서 8개를 빼내 2개만 남겼더니, 참가자들의 욕망이 최고조에 달한 것이다. 처음부터 2개만 있던 쿠키보다 10개에서 2개로 줄어든 쿠키를 훨씬 더 높게 평가했다. 이렇듯 얼마 안 남았다는 사실이 그 물건의 가치를 단숨에 끌어올린다. 이것이 '희소성의 원칙'이다.

그렇다면 왜 인간은 적을수록 더 큰 가치를 느끼는 걸까? 이 역시 진화심리학적 이유가 있다. 인류는 대부분의 역사에서 자원이 늘 부족했다. 물과 음식, 안전한 은신처처럼 생존에 필수적인 것들은 늘 한정되어 있었고, 재빨리 확보하지 못하면 생존할 수 없었다. 그렇기에 '적은 것'은 곧 '가치 있는 것'으로 인식되었기에 빨리 확보해야 했다. 이 판단 기준이 DNA에 각인되어 지금까지도 작동하는 것이다.

② 수량을 제한하라

홈쇼핑을 보면, 쇼호스트가 아무리 제품 설명을 열심히 해도 반응이 없다가 '매진 임박' 자막과 함께 카운트다운이 뜨는 순간 전화가 몰리기 시작한다. 소비자는 그 물건이 갑자기 필요했다기보다, 살 수 있는 기회가 사라지는 것을 못 견디기 때문이다.

온라인에서도 마찬가지다.

- 호텔 예약 사이트: '같은 방을 12명이 보고 있습니다. 방이 1개 남았습니다.'
- 항공권 예매 사이트: '현재 이 가격의 좌석은 1석 남았습니다.'

사람들은 지금 사지 않으면 영영 못 가질지도 모른다는 생각이 드는 순간, 즉시 행동한다. 그래서 희소성을 활용하면, 고객이 즉시 행동으로 옮기게 만들 수 있다. 디지털 상품이라 무제한으로 팔 수 있다고 하더라도 예외는 아니다. 한계를 둬야 선택이 빨라진다.

- '선착순 50명에게만 PDF 무료 증정'
- '이번 기수 컨설팅은 5명만 진행합니다.'(집중 관리 목적)

전략 2: 긴급성－"시간이 없습니다"

① 신데렐라의 마법이 통하는 이유

희소성이 '수량(공간)'을 제한한다면, 긴급성은 '시간'을 제한한다. 신데렐라의 마법은 왜 12시까지였을까? 만약 요정이 "원하는 만큼 놀다 가라"고 했다면, 왕자와의 만남이 그렇게 애틋하지 않았을 것이다.

마감 시간Deadline은 넘어서는 순간 기회가 사라지는 선이다. 인간은 마감 시간이 정해져 있을 때 행동하게 된다. 학교 과제를 전날 밤에 몰아서 다 끝내는 초인적인 힘은 바로 이 마감 효과에서 나온다.

② 타이머를 켜라

쿠팡의 로켓배송은 '밤 11시 전 주문 시 내일 도착'이라는 문구를 전면에 띄운다. 밤 10시 50분이 되면, 사람들은 꼭 필요한 물건이 아니더라도 무언가를 장바구니에 담는다. 10분만 지나면 '내일 도착'이라는 혜택을 잃어버리기 때문이다.

나 역시 전자책을 판매할 때 가장 매출이 잘 나오는 날은 늘 마감 직전이었다. '6월 15일까지만 20% 추가 할인, 이후 정가로 판매됩니다'라고 마감 기한을 적어두면, 그전까지는 더디게 판매되다가도 마감날에 주문이 몰렸다. 앞서 언급했던 필라테스 센터 블로그 마케팅에서도 '높은 상담 퀄리티를 위해 100% 예약 상담으로 진행하며, 딱 3일만 무료 상담합니다'라는 CTA(행동 유도) 문구를 사용했을 때 반응이 좋았다.

- (×) '언제든 수강 가능합니다.'
- (○) '오늘 밤 11시 59분까지만 얼리버드 50% 할인, 자정부터 정가 적용'

특히 가장 효과적인 것은 카운트다운 타이머다. 숫자가 줄어드는 것을 보는 순간, 시각적 긴박감이 극대화되면서 지금 행동해야 한다는 감정을 자동으로 유발한다.

단, 주의할 점이 있다. 거짓말은 절대 금물이다. '오늘 마감'이라고 해놓고 다음 날에도 똑같이 팔고 있다면, 신뢰는 바닥으로 떨어져 긴급 버튼이 다시는 작동하지 않을 것이다. 마감을 지키는 그 단호함이 다음번 마감을 더 강력하게 만든다.

전략 3: FOMO―"나만 뒤처지는 것 같나요?"

① 벼락거지 공포가 낳은 영끌족

2021년, 부동산 커뮤니티와 SNS에서 이런 말들이 하루가 멀다 하고 쏟아졌다.

"이번 달에 또 올랐대."

"나는 미리 사서 2억 벌었음."

실거래가 캡처 이미지가 여기저기 퍼지면서 "지금 안 사면 다시는 내 집 못 산다"라는 불안함과 두려움이 2030세대를 '영끌'이라는 선택지로 내몰았다.

이 시기의 매수 심리를 분석해 보자. "이번 달에 또 올랐대", "옆 단지는 벌써 1억 더 붙었대" 같은 말이 사회적 증거가 되고, 수요가 몰리자 매물은 귀해졌으며, 호가 상승이 희소성을 만들면서 FOMO가 가속되었다. 합리적인 계산을 하기도 전에 '놓치면 끝'이라는 손실 회피 심리가 강하게 작동한 것이다. 그래서 누군가는 대출 한도를 끝까지 끌어당겨 들어갔고, 또 누군가는 계획보다 빠르게 매수를 결정했다. 이것이 바로 소외되는 것에 대한 두려움을 뜻하는 'FOMOFear Of Missing Out'다. 사회적 증거와 희소성, 긴급성이 모두 결합된 가장 강력한 형태의 손실 회피라 할 수 있다.

② 소속감을 제한하라

FOMO를 자극하려면, 이미 대세가 기울었다는 분위기를 풍겨야 한다.

- '1기 모집 10분 만에 마감. 대기자만 500명.'
- '남들은 다 AI로 업무 자동화해서 칼퇴하는데, 아직도 야근하시나요?'

단순히 물건을 못 사는 데 그치는 게 아니라 시대의 흐름이나 성공하는 무리에서 탈락할 수 있다는 공포를 건드리는 것이다.

7개의 버튼, 그리고 요리 레시피

드디어 우리는 고객의 무의식을 조종하는 7가지 버튼을 모두 손에 넣었다. 잠시 지도를 펼쳐 우리가 걸어온 길을 복기해 보자.

- 주목: "어?"(① 호기심 자극)와 "헉!"(② 오리엔팅 반응)으로 고객의 시선을 멈춰 세웠다.
- 신뢰: "남들도 샀어"(③ 사회적 증거)와 "전문가야"(④ 권위)로 의심 많은 고객을 안심시켰다.
- 가치: "원래 100만 원짜리야"(⑤ 참조점 효과)와 "지출이 아니라 투자야"(⑥ 프레이밍)로 가격 저항을 없앴다.
- 지급: "지금 안 사면 손해야"(⑦ 손실 회피)로 미루는 관성을 끊고 결제 버튼을 누르게 했다.

이 7가지 버튼은 각각으로도 강력한 심리 무기다. 하지만 진짜 힘은 이것들이 하나의 글 안에서 유기적으로 연결될 때 일어난다. 마치 요리와 같다. 똑같은 재료로도 어떻게 요리하느냐에 따라 맛이 천차만별인 것처럼, 이 7가지 버튼을 어떻게 배치하며 조합하느냐에 따라 글의 위력은 달라진다.

그런데 이 7가지 버튼을 무작위로 섞어 쓰면 오히려 고객이 혼란을 느낄 수 있다. 호기심이 생기기도 전에 결제하라고 하거나, 신뢰도 안 생겼는데 고가의 제품부터 들이밀면 고객은 도망간다. 고객의 심리 여정에 맞춰 순서대로 적재적소에 배치해야 한다.

그래서 다음 장에서는 이 버튼들을 실제 글의 구조 안에 배치하는 법을 다룬다. 우리가 배운 재료들을 가지고, 하나의 '팔리는 글'을 요리하는 법을 배우게 될 것이다. 이제 진짜 요리를 시작해 보자.

하는 법을 다룬다. 우리가 배운 재료들을 가지고, 하나의 '팔리는 글'을 요리하는 법을 배우게 될 것이다. 이제 진짜 요리를 시작해 보자.

03

읽는 순간
반응이 일어나는
감정 설계법

1

뇌가 거부하지 못하는 4단계 감정 설계

회사 블로그 글을 처음 썼을 때의 일이다. 당시 복합기 회사를 다니고 있었는데, 렌탈이나 판매로 이어지면 인센티브를 지급한다는 회사의 제안으로 시작했다. 심리학 책도 여러 권 읽고, 카피라이팅과 마케팅 강의도 들으며 준비했다. 퇴근 후 매일 3시간씩 투자하며 쓰고 다시 읽고 고치기를 반복했다. 속도는 점점 붙어서 2~3일에 한 편의 글을 업로드했다. 물론 처음부터 잘될 거라고 기대하진 않았다. 하지만 한 달 동안 10편의 글을 올렸는데도 소소한 수리 문의만 있을 뿐 실제 주문은 없었다.

'내용이 별로인가?'

'키워드 선정을 잘못했나?'

'애초에 복합기를 검색하는 사람이 얼마나 되겠어?'

온갖 고민에 빠져 있다가, 문제를 전혀 다른 각도에서 바라보기로 했다. 문제는 내용이나 노력의 부족이 아니라, 글을 어떻게 구성하고 전개하느냐에 있을지도 모른다는 생각이 들었다. 아무리 좋은 글이라도 고객의 감정 흐름을 따라가지 못하면 결과로 이어지지 않는다는 걸 그때 깨달았다.

그 후 나는 글의 구조에 대해 공부하기 시작했다. 이미 알려진 여러 공식들도 있었지만, 나는 그보다 한 단계 더 들어가 왜 그런 구조가 효과를 발휘하는지 그 근본적인 흐름을 이해하고 싶었다. 그러던 중 100년 넘게 전해오는 공식을 하나 발견했다. 그리고 이 공식을 적용하여 글을 쓰자, 회사의 1년 매출에 달하는 주문이 들어왔다.

이 챕터에서는 그때 발견한 '팔리는 글의 설계도'를 소개하려 한다.

130년간 작동해온 공식, AIDA

1898년, 미국 광고계의 전설이라 불리는 엘리아스 세인트 엘모 루이스Elias St. Elmo Lewis가 하나의 공식을 제안했다. 마케팅 분야에서 널리 활용되는 공식, 바로 'AIDA'다.

- Attention(주목)
- Interest(관심, 신뢰)
- Desire(욕구)

• Action(행동)

"에이, 너무 뻔한 거 아니야?"라고 생각할 수도 있다. 하지만 이 공식이 130년 넘게 살아남은 이유는 무엇일까? 시대가 변하고 매체가 바뀌어도 인간의 뇌가 작동하는 방식은 변하지 않았기 때문이다. 눈치챘을지도 모르겠다. 앞서 살펴본 7가지 심리 버튼도 이 순서대로 배치되어 있다. 독자가 이 순서를 자연스레 받아들일 수 있도록 설계한 것이다.

뇌과학적으로 보면, AIDA 공식은 인간의 의사결정 과정을 그대로 따라간다. 우리는 하루에도 수만 가지 정보에 노출되지만, 뇌는 생존을 위해 대부분의 정보를 무시한다. 그러다 나와 관련된 정보라고 판단되면 잠시 멈춘다(Attention 단계). 멈춘 뒤에는 나에게 어떤 의미가 있는지 정보를 더 탐색한다(Interest 단계). 감정적으로 끌리기 시작하면 갖고 싶다는 욕구가 생기고(Desire 단계), 마지막으로 손해를 보지 않기 위해 움직인다(Action 단계).

글쓰기는 고객의 여정을 이 네 단계로 데려가는 여행 가이드와 같다. 만약 이 순서가 뒤바뀌면, 처음 보자마자 대뜸 "결혼합시다"라고 청혼하는 것처럼 어색하게 느껴질 것이다. 흥미도 신뢰도 없는 상태에서, 구매를 강요하면 고객은 거리를 둔다. 그래서 설득에는 지켜야 할 순서가 있다. 이제 그 흐름을 하나씩 살펴보자.

1단계: Attention-뇌의 필터를 통과하라

첫 번째 관문은 '주목'이다. 우리는 고객의 뇌에 작동하는 'RAS(망상활성계)'라는 필터를 뚫는 것이 목표다. 사람은 하루에 수천, 수만 개의 정보를 접한다. 그런데 뇌는 이 모든 정보를 처리할 수 없기에 RAS라는 일종의 스팸 필터가 작동한다. 중요하지 않다고 판단된 정보는 RAS를 통과하기 어렵다.

따라서 당신의 글이 고객의 눈에 띄려면 이 RAS를 강하게 자극해야 한다. "안녕하세요, 좋은 하루입니다" 같은 평범한 메시지로는 어림도 없다. 고객이 스마트폰을 스크롤하다가 멈칫하게 만들어야 한다. 이때 활용하는 것이 '호기심 자극'이나 '오리엔팅 반응'이다. "어? 뭐지?"라는 반응을 이끌어내는 것이다. '운동 없이 1개월 만에 10kg 뺀 방법'처럼 호기심을 자극하거나 '다이어트? 성공하려면 운동하지 마세요'처럼 상식을 깨야 한다. 일단 멈춰 세우지 못하면, 뒤에 나올 내용은 존재하지 않는 것과 같다.

2단계: Interest-나의 이야기라고 느끼게 하라

주의를 끌었다면, 이제 그 관심을 붙잡아둬야 한다. 사람들은 언제 흥미를 느낄까? 바로, 자기 이야기를 할 때다. 많은 초보자가 여기서 실수를 한다. 자기 자랑을 늘어놓거나 상품의 스펙을 나열하기 시작하는 것이다. 하지만 고객은 당신의 상품에 관심이 없다. 자신의 문제 해결에만 관심이 있다.

따라서 이 단계의 핵심은 '공감'과 '신뢰'다. '요즘 자고 일어나도 개운하지 않으시죠?', '월급은 스쳐 지나가고 카드값만 남지 않나요?'처럼 고객의 현재 상황을 족집게처럼 짚어야 한다. '이 사람은 내 문제를 정확히 알고 있구나'라는 생각이 들면, 고객은 고개를 끄덕이며 다음 문장을 읽을 준비를 한다. 이때 '사회적 증거'나 '권위' 버튼을 더하면 신뢰도는 급상승한다.

3단계: Desire—미래를 상상하게 하라

이제 고객의 감정에 불을 붙일 차례다. 2단계가 '호감' 정도라면, 3단계인 욕망은 '갈망'이다. 여기서는 논리보다 당신의 상품이나 서비스를 통해 변하게 될 고객의 미래를 구체적으로 그려주자. '이 영양제를 먹으면 비타민 C가 충전됩니다.' 이 문장은 논리다. 반면 '아침에 알람 없이 눈이 번쩍 뜨이고, 퇴근 후에도 아이와 놀아줄 에너지가 넘치게 됩니다'는 욕망을 자극한다.

고객이 얻게 될 이득을 극대화해서 보여주자. "내가 이렇게 될 수 있겠구나"라고 느끼는 순간, 고객의 이성은 구매를 합리화하기 시작한다. '참조점 효과'와 '프레이밍'은 이 과정에서 강력한 도구로 작동한다.

4단계: Action—방아쇠를 당겨라

마지막 단계는 결정타를 날리는 것이다. 고객은 욕망을 느끼면서도 마지막 순간까지 망설인다. "나중에 살까?", "실패하면 어쩌지?"라는 두려움 때문이다. 이때는 지금 당장 행동해야 할 이유를 만들어줘야 한다. 가장 강력한 버튼인 '손실 회피' 본능을 자극해야 한다. '오늘 자정까지만 20% 추가 할인됩니다', '선착순 5명에게만 컨설팅을 제공합니다' 같은 제한을 두자. 지금 행동하지 않으면 손해라는 확신이 생길 때, 비로소 고객은 '구매하기' 버튼을 누른다.

[실전 예시] 같은 상품, 다른 구조의 힘

구체적인 예시를 들어보자. 영어 회화 전자책을 판매한다고 가정해 보겠다.

[A: 구조를 고려하지 않은 글]

- 제목: '저의 10년 영어 노하우 압축한 전자책을 소개합니다.'
- 내용: '저는 미국에서 5년간 살았고, 토익 점수도 만점을 받았습니다. 이 책은 50페이지로 구성되어 있고, 문법과 회화 표현이 다 들어있어요. 열심히 썼으니, 한번 읽어보세요.'
- 결론: '가격은 3만 원입니다.'
  → 고객 반응: "그래서 뭐 어쩌라고?" 하며 이탈한다.

[B: AIDA를 적용한 구조]

- Attention: '아직도 영어 단어 외우세요? 10년 공부해도 말 한마디 못한다면 꼭 보세요.'
- Interest: '학원 다닐 시간은 없고, 전화 영어는 부담스러우셨

죠? 저도 그랬습니다. 3년 동안 섀도잉했는데도 입도 뻥긋 못 했어요.'

- Desire: '이 책에 담긴 '3단 패턴 공식'만 알면, 중학교 단어만으로도 1시간 뒤 외국인과 프리토킹이 가능해집니다. 휴가지에서 자신 있게 음식을 주문하고, 외국인 친구와 농담하는 당신의 모습을 상상해 보세요.'
- Action: '선착순 100분께만 50% 할인된 가격에 드립니다. 불만족 시 100% 환불해 드려요. 지금 바로 신청하세요.'
  → 고객 반응: "내 얘기잖아? 진짜 될까? 밑져야 본전인데 한번 해볼까?" 하며 구매한다.

예시를 통해 비교해 보니 어떻게 느껴지는가? 상품은 같지만, 글의 구조에 따라 결과는 하늘과 땅 차이이다.

AIDA를 실전 글쓰기에 적용하는 9섹션 매핑

나는 이 AIDA 원리를 더 구체적이고 실전적인 '9섹션 글쓰기 구조'로 정리했다. 4단계는 너무 포괄적이라 실제로 글을 쓸 때 막막할 수 있기 때문이다. 앞으로 우리가 완성할 9섹션을 AIDA의 흐름에 배치하면 다음과 같다.

AIDA 단계	고객의 심리	9섹션 구조	글의 목표
Attention	"어? 뭐지?"	1. 후킹	시선을 붙잡고, 들어오게 한다
Interest	"내 얘기네"	2. 문제 제기 3. 공감	고객의 고통을 정확히 짚어 공감대를 형성한다
Desire	"갖고 싶다"	4. 솔루션 5. 증거 6. 오퍼	해결책의 타당성을 입증하고, 욕망을 구체화한다
Action	"지금 해야지"	7. 반론 처리 8. 긴급성 9. CTA	구매 저항을 없애고, 즉시 행동하게 만든다

이것은 고객이 저항감 없이 행동하게 만드는 글의 설계도다. 하지만 설계도가 있다고 바로 목적을 달성할 수 있는 건 아니다. 실제로 한 걸음씩 내딛는 구체적인 방법을 알아야 한다. 이번 섹션에서 이 9가지 블록을 하나씩 조립해 볼 것이다.

바로 다음 챕터에서는 글의 완성도를 높여줄 5가지 질문을 살펴본다. 이 질문에 답하지 않은 채 글을 쓰기 시작하면, 방향이 어긋나 다른 목적지에 도달할 수 있기 때문이다. 이제 한 페이지의 완성된 글을 쓰는 여정을 함께 따라가 보자.

2

글을 쓰기 전 반드시 점검해야 할 5가지

한 스승이 목수가 되려는 두 청년 A와 B에게 똑같이 녹슨 도끼를 주며, 해가 지기 전까지 나무 한 그루를 베어오라고 했다. A는 도끼를 받자마자 나무로 달려가 미친 듯이 찍어내리기 시작했다. 반면 B는 자리에 앉아 숫돌에 도끼날을 갈기 시작했다. 해가 중천에 뜰 때까지 도끼만 갈았다. A는 그런 B를 비웃었다. 오후가 되자, B는 날 선 도끼로 30분 만에 나무를 베고 하산했다. A는 해가 질 때까지 반도 베지 못한 채 탈진해 쓰러졌다.

글쓰기도 마찬가지다. 많은 사람이 노트북을 켜자마자 빈 화면 앞에서 헤맨다. 그리고 제목을 썼다가 지우고, 첫 문장을 썼다가 지우기를 반복한다. 나 역시 그랬다. 빨리 성과를 내고 싶다는 조급함에 준비 없이 덤벼들었다. 하지만 그럴 때마다 결과는 참담했다. 고객은 반응이 없었고, 반응이 없으니 노출되지도 않았다. 조회수는 있었지만, 블로그 체류 시간과 유튜브 시청 지속시간 모두 짧았다. 들어와서도 금방 이탈한 것이다. 더 빨리 쓰려다 오히려 공들인 글을 망친 셈이었다.

사실 나는 답을 알고 있었다. 글을 쓰기 전에 기획부터 해야 한다는 사실을 말이다. 무작정 도끼를 휘두르기 전에, 반드시 숫돌에 날을 갈아야 한다. 그 숫돌이 바로 지금부터 다룰 '5가지 사전 질문'이다. 이 질문에 답하지 못한다면, 그 글은 쓰지 않는 편이 낫다. 과녁 없는 화살은 100발을 쏘아도 빗나가기 때문이다. 지금부터 소개할 5가지 질문은 고객 이해의 세 개의 축인 '욕망(얻고 싶은 것)', '두려움(피하고 싶은 것)', '언어(실제로 쓰는 말)'를 정조준한다.

질문 1: 누구에게 쓰는가

"모든 사람을 위한 글은 누구를 위한 글도 아니다."

마케팅 구루 세스 고딘Seth Godin이 한 말이다. 당신의 글이 반응을 얻지 못한다면, 가장 큰 이유는 타깃Target이 모호하기 때문이다. '2030 여성'은 타깃팅이 아니다. 20대 여성 중에는 취업 준비생도 있고, 신혼부부도 있고, 워킹맘도 있다. 그들의 고민이 다 같을 리 없다. 모두를 만족시키려 하면 아무도 만족시킬 수 없다. 글을 쓸 때는 불특정 다수가 아니라, '단 한 사람'을 머릿속에 앉혀두고 그 사람에게 말을 걸어야 한다.

나는 타깃을 구체화할 때 다음 3단계 공식을 쓴다.

① 인구 통계: 30대 초반 남성
② 상황·맥락: 결혼 자금이 부족해 초조한 상태
③ 욕구·두려움: 빨리 돈을 불리고 싶지만, 사기를 당할까 봐
  두려움

이렇게 타깃을 설정하면 글의 톤이 완전히 달라진다. '좋은 투자 상품이 있습니다'가 아니라, '결혼 자금 1억이 부족해 밤잠 설치는 예비 신랑님, 안전하게 시드머니를 2배로 불리는 법이 궁금하지 않으신가요?'가 된다.

3단계 공식을 작성한 후, 다음과 같이 타깃을 한 문장으로 정의해 보자.

'나는 [구체적 상황]에 처해 있어서, [가장 큰 두려움]을 겪고 있으며, 간절히 [핵심 욕망]을 원하는 사람에게 쓴다.'

질문 2: 그들의 진짜 문제는 무엇인가

타깃을 정했다면, 이제 그들의 '문제Problem'를 정의해야 한다. 여기서 대부분 실수를 범한다. 고객이 말하는 문제를 곧이곧대로 믿는 것이다. 1,000억 원대 자산가인 알렉스 홀모지는 "나는 해결책

을 만드는 시간의 절반을 문제 정의에 쓴다. 문제를 정확히 정의하면 해결책은 저절로 나오기 때문이다"라고 말했다.

고객의 문제에는 2가지 층위가 있다. '표면적 문제'와 '진짜 문제(심층 욕구)'다.

- 표면적 문제: '살을 빼고 싶어요.'
- 진짜 문제: '헤어진 전 애인의 결혼식에 가서, 그가 나를 놓친 걸 후회하게 만들고 싶어요.'

고객의 지갑을 여는 건 표면적 문제에 가려진 진짜 문제다. 진짜 문제를 건드려야 감정이 움직이기 때문이다. 진짜 문제는 머릿속에서 상상해서 만드는 게 아니라, 고객의 언어에서 찾아야 한다. 관련 분야 베스트셀러의 서평이나 유튜브 댓글, 커뮤니티 게시글에는 날 것의 감정이 그대로 드러난다. "살 빼고 싶어요"가 아니라 "거울 속의 돼지 같은 내 모습이 혐오스러워요"라고 분노를 섞어 말한다. 이 문장을 그대로 가져와 글에 쓰면, 고객은 "어? 이거 내 일기장을 훔쳐봤나?"라고 반응하게 된다.

문제를 다음과 같이 한 문장으로 정의해 보자.

'그들은 겉으로는 [표면적 문제]라고 말하지만, 속으로는 [진짜 문제·심층 고통] 때문에 잠 못 이루고 있다.'

질문 3: 나는 무엇을 약속하는가

이제 내가 줄 수 있는 '해결책'을 제시할 차례다. 이때 중요한 건 상품 자체가 아니라, 상품이 가져다줄 변화된 미래를 약속하는 것이다. 이것이 바로 독보적인 판매 포인트, 즉 USP_{Unique Selling Proposition}다.

- 나쁜 예: '프리미어프로 편집법, 알고리즘 분석, 썸네일 제작법을 4주 과정으로 알려드립니다.'
- 좋은 예: '구독자 0명이어도 얼굴 공개 없이, 3개월 후 '월 100만 원 수익'을 내는 채널을 갖게 해드립니다.'

고객은 드릴을 원하는 게 아니다. 벽에 뚫린 구멍을 원한다. 아니, 가족사진을 걸고 흐뭇해하는 가족과 자신의 모습을 원한다. 당신의 글은 그 흐뭇한 최종 모습을 약속해야 한다.

당신의 USP를 다음 한 문장으로 정의해 보자.

'내 상품은 [타깃]이 [기존의 고통] 없이 [원하는 결과]를 얻게 해준다.'

질문 4: 이 글의 목표는 무엇인가

글을 다 읽고 난 뒤 고객에게 "그래서 어쩌라는 거지?"라는 반응이 나온다면, 그 글은 실패다. 모든 글에는 단 하나의 명확한 목표Goal가 있어야 한다. 고객이 글을 읽고 나서 취해야 할 행동을 미리 정해두자.

비즈니스 글쓰기의 목표는 크게 4가지다.

① 즉시 구매: 상세페이지, 세일즈 레터(목표: 결제 버튼 클릭)

② 리드 획득(DB): 무료 소책자 신청, 뉴스레터 구독(목표: 이메일/전화번호 입력)

③ 상담 신청: 고가 컨설팅, 서비스(목표: 문의 폼 작성)

④ 콘텐츠 확산: 블로그, 유튜브, 인스타그램 등(목표: 좋아요, 댓글, 구독, 알림, 공유, 저장)

목표에 따라 글의 마지막 CTA(행동 유도) 문장은 달라진다. 즉시 구매가 목표라면 '지금 50% 할인받기'라고 강하게 밀어붙여야 하고, 상담이 목표라면 '당신의 상황을 무료로 진단받으세요'라고 부드럽게 권유해야 한다. 두 마리 토끼를 잡으려다 다 놓치지 말자. 하나의 글에는 하나의 목표만 두어야 한다.

자, 글을 쓰기 전에 다음 한 문장으로 반드시 목표를 설정하고 시작하자.

'나는 이 글을 읽은 고객이 즉시 [구체적 행동]하기를 원한다.'

마지막 질문이다. 지금 당신의 글을 읽기 직전, 고객의 감정 Emotion 온도는 몇 도일까? 마케팅에서는 이를 '트래픽 온도'라고 부른다.

① 무관심Cold: 문제 자체에 관심이 없음(예: '난 뚱뚱하지 않아.')

② 인식Warm: 문제는 알지만 해결책을 찾아 행동할 의지가 없음(예: '살 좀 빼야 하는데… 귀찮네.')

③ 고민Hot: 해결책을 비교하며 탐색(예: 'PT를 받을까, 헬스장에 등록할까?')

④ 절박Super Hot: 문제가 심각하고, 지금 당장 해결하지 않으면 안 되는 상태(예: '건강검진 결과가 나쁘네. 당장 살부터 빼야 해.')

고객의 감정 온도에 따라 접근법은 달라져야 한다. 배고픈 사람에게는 음식을 주면 되지만, 배부른 사람에게는 음식을 줘봐야 소용없다. 먼저 입맛을 돋워야 한다. 글도 마찬가지다. 무관심한 고객에게는 충격적인 사실로 후킹해야 하고, 절박한 고객에게는 긴 설명 필요 없이 바로 해결책과 오퍼를 던져야 한다. 그러므로 우선 내 글을 읽을 사람이 검색을 통해 들어온 적극적인 사람인지Hot, 아니면 SNS 피드를 보다가 우연히 발견한 사람인지Cold 파악하자. 그것이 글의 첫인상을 결정할 것이다.

이를 실제 글쓰기에 적용하기 위해, 고객의 감정을 점검하는 간단한 템플릿이다.

5가지 질문 체크리스트

자, 이제 도끼를 다 갈았다. 글을 쓰기 전, 아래 체크리스트에 빠르게 답해 보자.

□ Target: 누구에게 쓰는가?

□ Problem: 그들의 진짜 속마음(고통)은 무엇인가?

□ Promise: 나는 어떤 변화된 미래를 약속하는가?

□ Goal: 고객이 어떤 행동을 하길 원하는가?

□ Emotion: 고객의 현재 감정 온도는 몇 도인가?

이 5가지 변수를 명확히 정의했다면, 당신은 빗나가지 않을 화살을 쏠 준비가 되었다. 이제, 고객이 보는 순간 클릭하는 '후킹의 기술'을 배우러 가보자.

3

클릭을 부르는 5가지 후킹 무기

"조회수는 30만 회인데, 클릭률은 2.8%…? 이거 오류 아닌가?"

'유튜브 스튜디오'를 보며 내가 내뱉었던 말이다. 17분짜리 영상 하나를 만드는 데, 일주일이 넘게 걸렸다. 조회수는 좋은 편이었지만, 클릭률은 평소의 절반에도 못 미쳤다. 만약 평소와 같은 클릭률만 나왔어도, 조회수는 2배 가까이 나왔을 것이다. 반응이 좋은 영상은 알고리즘이 더 많이 노출해 주기 때문이다.

콘텐츠는 아무리 내용이 좋아도, 사람들이 클릭하지 않으면 존재하지 않는 것과 다름없다. 일단 클릭해서 들어오게 만들어야 수익과 기회가 생기는 법이니까.

자, 이제 소비자의 관점에서 생각해 보자. 평균적으로 사람들은 SNS에서 콘텐츠를 볼지 말지 판단하는 데 1~3초를 쓴다. 마음이 끌리지 않으면 바로 넘긴다. 유튜브도 마찬가지다. 썸네일과 제목을 보고 3초 안에 클릭 여부를 결정한다.

그래서 우리는 첫 3초에 고객의 시선을 사로잡는 '후킹'을 할 줄 알아야 한다. 낚싯바늘처럼 고객의 관심을 단번에 걸어채는 한 문장, 이것이 AIDA의 첫 단계인 'Attention(주목)'을 만드는 핵심 기술이다. 후킹을 제대로 사용하면, 클릭률을 기존 대비 2~3배는 거뜬히 올릴 수 있다.

이제부터 고객의 스크롤을 멈추게 만드는 5가지 후킹 무기를 하나씩 장착해 보자.

무기 1: 숫자의 칼

첫 번째 무기는 가장 직관적이면서도 강력한 '숫자'다. 인간의 뇌는 본능적으로 모호한 것을 싫어하고 확실한 것을 좋아한다. 따라서 숫자는 그 자체로 후킹이다.

'빠르게 다이어트할 수 있습니다'라는 문장은 아무런 감흥을 주지 못한다. '빠르게'의 기준이 모호하기 때문이다. 누군가에게 는 한 달도 빠를 수 있고, 누군가에게는 일주일도 느릴 수 있다. 따라서 '하루 10분 투자로 1주 만에 3kg 감량하는 법'이라고 써 야 뇌가 구체적인 이미지를 그린다.

여기서 '참조점 효과'가 작동한다. 숫자는 고객의 머릿속에 비 교 기준(참조점)을 만들어주기 때문이다. 다만 단순히 숫자만 나 열한다고 능사는 아니다. 고객의 뇌에 강한 후킹을 걸려면, [숫자] + [시간] + [결과]를 결합해야 한다.

- 나쁜 예: '돈 많이 버는 법을 알려드립니다.'(모호함)
- 좋은 예: '하루 2시간 투자로 3달 만에 월 200만 원씩 버는 법'(구체적)

숫자를 쓸 때, 오감을 자극하면 더 좋다. '살이 빠집니다'보다는 '청바지가 두 치수 줄어듭니다'처럼 눈앞에 장면이 그려지는 표현이 훨씬 강력하다.

첫 번째 무기인 '숫자의 칼'을 날카롭게 벼리는 공식과 예시를 함께 보면서 감을 잡아보자.

공식: [구체적 숫자] + [기간·시간] + [얻게 될 결과]
- 예시 1: '단 3가지 도구로 1시간 만에 고퀄 상세페이지 만드는 법'
- 예시 2: '1개월 만에 구독자 0명에서 1,000명 만든 비결'
- 예시 3: '일주일 만에 피부가 2배 밝아지는 3가지 루틴'

무기 2: 반전의 망치

두 번째 무기는 '반전'이다. 사람들은 뻔한 이야기에는 잘 반응하지 않는다. 뇌가 에너지를 아끼기 위해 '다 아는 내용'으로 분

류하고 무시하기 때문이다. 그래서 '열심히 노력해야 성공한다', '적게 먹고 많이 움직여야 살 빠진다' 같은 말들은 뇌가 자극으로 받아들이지 않는다. 이때 필요한 것이 '오리엔팅 반응'이다. '배불리 먹어도, 살 안 찌는 음식이 있는데요!'처럼 "내가 알던 상식이랑 다른데?"라고 느끼는 순간, 뇌는 반사적으로 주의를 집중한다.

가장 쉬운 방법은 통념을 부정하는 것이다. [상식]≠[진실] 공식을 사용하자.

- 통념: 영어를 잘하려면 단어를 많이 외워야 한다.
- 반전: '당장 단어장부터 버리세요. 그래도 영어 잘할 수 있습니다.'

- 통념: 다이어트 성공하려면 덜 먹고 많이 운동해야 한다.
- 반전: '배불리 먹고 숨만 쉬어도 5kg 빠지는 다이어트 방법'

이렇게 상식을 뒤집는 문장들이 시선을 붙잡는 이유는 명확하다. 인간의 뇌는 예상과 다른 정보를 생존에 중요한 정보로 인식하고, 즉시 각성 상태에 들어가도록 설계되어 있기 때문이다. 반전의 강도가 클수록 더 강하게 반응한다.

다만 반전 있는 제목을 썼다면, 본문에서 반드시 그 이유를 납득시켜야 한다. '운동 없이 살 빠진다'라고 해놓고, '사실 운동을 해야죠'라고 하면 신뢰를 한순간에 잃는다.

두 번째 무기인 '반전의 망치'를 휘두르는 공식이다.

공식: [상식적인 통념 부정] + [새로운 진실·방법]

- 예시 1: '제발 열심히 살지 마세요. 게으른 천재들은 이렇게 돈 법니다.'
- 예시 2: '의사들이 말하지 않는 사실이 있습니다. 일반적인 감기약은 증상을 완전히 해결하지 못하니 이걸 드세요.'
- 예시 3: '피부과 시술보다 효과적입니다. 물 이렇게 드셔보세요.'

무기 3: 고통의 창

세 번째 무기는 '고통'이다. '손실 회피' 본능을 자극하면 고객의 생존 본능을 직접적으로 건드릴 수 있다. 인간은 이익을 얻을 때보다 손해를 볼 때 더 민감하게 반응하는 만큼, '이거 하면 좋아요'보다 '이거 안 하면 큰일 나요'라는 메시지로 생존 본능을 찔러야 한다.

고통은 크게 '생존'과 '번식'에 관한 것으로 나뉜다.

① 생존 위협: 돈, 건강, 시간의 손실

- '돈 없는 노후는 비참합니다. 가난하게 늙고 싶지 않다면 당

장 '이것'부터 끊으세요.'

② 번식·관계 위협: 매력 저하, 소속감 상실, 무시, 비교

- '첫 소개팅에서 이렇게 말하면 100% 차입니다. 대부분 이걸
  몰라요.'

혜택보다 강력한 것은 고통 회피다. '피부가 좋아집니다'보다
는 '피부 관리 이렇게 안 하면 5년 뒤 폭삭 늙습니다'가 클릭을
부른다. 물론 윤리적인 주의는 필요하다. 근거 없는 위협이나 과
장된 공포는 협박이나 다름없다. 핵심은 고객이 실제로 겪고 있
지만 미처 인지하지 못했던 '잠재적 위험'을 일깨워주는 것이다.
'고통의 창'을 찌르는 공식은 다음과 같다.

공식: [치명적 실수·문제 지적] + [손실 경고]
- 예시 1: '이걸 모르면, 열심히 살아도 결국 가난해집니다.'
- 예시 2: '당신의 유튜브 채널이 망해가고 있다는 3가지 신호'
- 예시 3: '이걸 자주 먹고 있다면, 10년 뒤 병원비로 1억 날립
  니다.'

무기 4: 비밀의 미끼

네 번째 무기는 '비밀'이다. '호기심 자극' 버튼을 직접적으로

활용하는 방법이다. 인간은 알고 있는 것과 알고 싶은 것 사이에 공백이 있을 때 강한 호기심을 느낀다. 이를 '지식의 공백'이라고 부르는데, 가려운 곳을 긁고 싶은 충동을 느끼는 것과 비슷하다. 그래서 호기심은 아무것도 모를 때가 아니라 조금 알고 있을 때 강하게 발동한다. 전혀 모르면 무관심하고, 잘 알면 지루해진다. 따라서 다 알려주지 말고, 살짝만 드러내야 한다.

- 예시 1: '월 1,000만 원 버는 법은 글쓰기입니다.'
  → 정보가 모두 드러나서 "아, 글쓰기 얘기구나. 뻔하네"하고 넘어간다.
- 예시 2: '월 1,000만 원 버는 사람들은 '이것' 하나에 목숨 겁니다.'
  → 정보 격차가 생겨서 "그게 뭔데?" 하고 클릭한다.

'이것', '비밀', '방법', '원리' 같은 대명사를 활용하면 궁금증을 유발할 수 있다. 모든 정보를 한 번에 보여주기보다, 드라마의 엔딩 장면처럼 결말 직전에 일부만 제시하고 멈춰라. 그러면 고객은 자연스럽게 다음 내용을 확인하고 싶어진다.

이 '비밀의 미끼'는 다음과 같이 던질 수 있다. 아래 예시는 모두 나의 유튜브 채널에서 실제로 반응이 좋았던 제목들이다.

공식: [놀라운 결과] + [숨겨진 원인·방법(대명사)]

- 예시 1: '부자 될 사람에게 꼭 나타나는 6가지 현상'
- 예시 2: '일단 1억 모으세요. 인생이 이렇게 바뀝니다. (5가지 이득)'
- 예시 3: '상위 1% 부자들만 아는 그 법칙, ㄱㄷㅅㅋ 이론'

무기 5: 권위의 방패

다섯 번째 무기는 '권위'다. 사람들은 전문가나 권위자의 말 앞에서는 판단을 유보하는 경향이 있다. 뇌가 복잡한 검증 과정을 생략하고, 이 정도면 믿어도 된다고 결론 내리는 것이다. 이 심리를 글에 적용하려면 '권위' 버튼을 가져오자.

만약 당신이 해당 분야의 전문가라면 그 사실을 가감 없이 드러내라. '유튜브 구독자 9만 명', '필라테스 강사 경력 8년'처럼 이력과 성과를 내세우는 것이다. 하지만 이제 막 시작한 초보자라면 권위를 빌려오면 된다. 공신력 있는 기관의 연구 결과나 유명인의 주장을 인용하는 것이다. 전문가 타이틀이 없어도, 믿을 만한 정보를 제대로 큐레이션하면 신뢰는 생긴다.

'삼성전자 이재용 회장이 건강을 위해 챙겨 먹는 음식'

'일론 머스크가 찾아가 배웠다는 3배 효율 독서법'

'스탠퍼드 뇌과학 교수가 알려준 집중력을 높이는 방법'

이처럼 권위는 고객의 경계를 풀고, "이 사람 말은 들어볼 만하다"라는 열린 태도를 만든다. 신뢰가 없다면, 아무리 좋은 내용도 설득력을 갖지 못한다.

'권위의 방패'를 사용하는 방법은 다음과 같다.

공식: [권위자·기관·데이터] + [주장·비결]
- 예시 1: '워런 버핏이 주식 투자 전 반드시 체크하는 한 가지'
- 예시 2: '서울대 의대생들이 시험 기간에 먹는 영양제'
- 예시 3: '10만 유튜버 50명을 인터뷰하며 발견한 공통점'

후킹 강화 비밀무기: 강조 어휘의 마법

5가지 무기를 더 강화시키는 도구가 있다. 바로 '강조 어휘'다. 평범한 문장에 이 단어들을 끼워 넣는 것만으로도 클릭률은 달라진다. 요리에 조미료를 더하듯, 적절한 강조 어휘 하나가 문장 전체를 살리기도 한다.

① 임팩트: '절대로', '반드시', '무조건', '완전히', '소름 돋는'
② 강조·진실: '정말로', '실제로', '사실은', '솔직히'
③ 의외성: '의외로', '놀랍게도', '충격적인', '믿기 힘든'
④ 한정성: '단 하나의', '유일한', '오직', '마지막', '비공개'

실제로 이 강조 어휘들을 사용했을 때 문장이 어떻게 달라지는지 비교해 보자.

Before&After 예시

- Before: '99%가 모르는 고소득을 만드는 능력'
- After: '의외로 99%가 모르는 고소득을 만드는 능력'

- Before: '부자 되려면 알아야 할 이야기'
- After: '부자 되려면 무조건 알아야 할 이야기'

- Before: '7일 만에 영어 회화를 배우는 방법'
- After: '놀랍게도 단 7일 만에 영어 회화 마스터하는 법'

이렇듯 강조 어휘는 형용사보다 부사 형태일 때 효과적이다. 이 5가지 무기는 단독으로 써도 강력하지만, 섞어 쓰면 위력이 배가된다. 상황에 따라 2가지를 잘 조합해 사용하자.

- 권위의 방패 + 숫자의 칼: '구글 엔지니어가 밝힌 업무 속도 5배 높이는 단축키'
- 반전의 망치 + 비밀의 미끼: '게으른데도 월급보다 더 버는 유튜브 수익화 7가지 방법'
- 권위의 방패 + 고통의 창: '의사들은 절대 먹지 않는 3가지 음식, 쳐다도 안 봅니다.'

정보성 글에는 '숫자'와 '비밀'의 조합이 좋고, 세일즈 글에는

‘고통’과 ‘권위’가 효과적이다. 억지로 쓰면 오히려 어색해지고, 자연스러울 때 비로소 힘을 발휘한다.

5가지 항목 체크리스트

제목이나 첫 문장을 썼다면, 업로드하기 전에 다음 5가지 항목을 체크해 보자.

☐ 구체적인 숫자가 포함되어 있는가?(숫자의 칼)

☐ 고객의 상식을 깨거나 예상을 뒤집었는가?(반전의 망치)

☐ 고객의 불안이나 손실 회피 본능을 건드렸는가?(고통의 창)

☐ 핵심 정보를 감춰 호기심을 유발했는가?(비밀의 미끼)

☐ 신뢰할 만한 권위나 증거가 있는가?(권위의 방패)

이 5가지 무기로 시선을 끌어 클릭을 유도했다면 첫 번째 관문은 통과다. 하지만 클릭한 고객이 첫 문단에서 이탈한다면 모든 게 허사다. 클릭한 고객이 이탈하지 않고 끝까지 읽게 만드는 ‘SUPER 도입부’의 비밀을 살펴보자.

4

끝까지 읽게 만드는
도입부의 비밀

후킹이라는 무기로 고객의 클릭을 유도하는 데 성공했다면, 이제 다음 관문은 '이탈'을 막는 것이다. 구글 애널리틱스의 데이터에 따르면, 방문자의 50%가 30초 안에 뒤로 가기를 누른다고 한다. 마치 가게 문을 열고 들어온 고객의 절반이 그대로 다시 나간 꼴이다. 이것을 '이탈률'이라고 한다. 이탈하는 이유는 간단하다. 도입부가 지루했기 때문이다. 제목에 관심이 생겨 들어왔는데, 막상 들어와 보니 뻔한 인사말이나 지루한 서론을 길게 늘어놓으면 고객은 배신감을 느낀다. 고객은 그 즉시 "아, 낚였네"라고 생각하며 바로 이탈한다.

전설적인 카피라이터 조셉 슈거맨Joseph Sugarman은 이렇게 말했다. "첫 문장의 목적은 두 번째 문장을 읽게 하는 것이고, 두 번째 문장의 목적은 세 번째 문장을 읽게 하는 것이다." 제목이 고객을 문 앞에 데려오는 역할이라면, 도입부는 고객의 손을 잡고 거실 소파에 앉히는 역할이다. 여기서 실패하면 본론은 아무도 읽지 않는다.

나는 수많은 유튜브, 인스타그램, 상세페이지를 분석하며 실제로 적용한 끝에, 이탈률을 획기적으로 낮추고 고객을 끝까지 붙잡는 공통 패턴을 찾아냈다. 이를 하나의 공식으로 정리한 것이 'SUPER 도입부'다.

고객을 붙잡는 5단계 구조

SUPER는 도입부에 반드시 들어가야 할 5가지 요소의 약자다.

① Shock(충격): 충격적 사실로 주의를 유지한다.

② Understand(공감): 고객의 상황과 고통을 공감한다.

③ Problem(문제): 표면적인 문제가 아닌 진짜 문제를 짚는다.

④ Evidence(증거): 문제를 해결할 수 있다는 가능성과 증거를 보여준다.

⑤ Result(결과): 이 콘텐츠를 끝까지 봤을 때 얻을 이득을 예고한다.

이 SUPER 도입부는 AIDA 중 'Interest', 즉 관심 단계에 해당

한다. 고객에게 문제를 제기한 후 공감하며 고객의 감정을 관심과 신뢰로 끌어올리는 설계 과정이다. 하나씩 뜯어보자.

Shock: 충격으로 시선을 붙잡아라

고객이 제목을 보고 들어온 직후엔, 다시 한번 집중시켜야 한다. 평범한 시작은 금물이다. '오늘은 다이어트 방법에 대해서 알아보겠습니다'라고 하면, 고객은 떠난다. 반면 '당신이 먹는 샐러드가 사실은 설탕 덩어리였다는 걸 아시나요?'처럼 충격을 주면, 그들은 계속 읽는다.

충격을 주는 가장 쉬운 방법은 '질문'을 하거나 '통계'나 '뉴스'로 시작하는 것이다.

- 질문형: '왜 300만 원짜리 강의를 들어도 당신의 통장은 그대로일까요?'
- 통계형: '스타트업의 90%는 3년 안에 폐업한다는 사실, 알고 계시나요?'
- 뉴스형: '40대 초반에도 희망퇴직을 권유한다는 소식, 들으셨나요?'

S 단계의 공식은 다음과 같다.

이처럼 도입부의 S 단계는 '후킹'하는 법과 거의 비슷하다. 다음 문장을 이어서 읽게 만드는 것이 목적이기 때문이다. 팁을 하나 공유하자면, 도입부의 첫 문장은 제목을 자연스럽게 받아주는 것이 좋다.

예를 들어 제목이 '일주일 만에 피부가 2배 밝아지는 3가지 루틴'이면, 도입부의 첫 문장은 '놀랍게도! 일주일 만에 피부가 2배 밝아지는 방법이 있습니다'라고 쓰는 것이다. 그런데 만약 '단 3가지 도구로 1시간 만에 고퀄 상세페이지 만드는 법'이 제목이면, 도입부에서는 '1시간 만에 100만 원짜리 상세페이지 만드는 방법이 있다는 걸 아시나요?'처럼 받아줄 수도 있다.

Understand: 고객의 상황에 깊이 공감하라

충격으로 고객을 다시 집중시켰다면, 이제는 감정적으로 연결될 차례다. 고객이 "이 사람은 내 편이구나"라고 느껴야 경계심을 풀기 때문이다. 여기서는 고객이 겪고 있는 구체적인 상황을 묘사해야 한다. "힘드시죠?" 같은 추상적인 위로는 안 통한다. 마치 CCTV로 지켜본 것처럼 구체적이어야 한다.

- '매일 아침 체중계 앞에서 한숨만 쉬면서, 물 한 잔 마시는 것도 눈치 보고 있진 않으신가요?'
- '퇴근하고 집에 오면 만사가 귀찮아서 배달 앱부터 켜고 계시진 않으신가요?'
- '광고비로 30만 원 썼는데 매출은 그대로라 '차라리 하지 말걸' 후회한 적 있으시죠?'

고객이 "어? 이거 내 얘긴데?" 하고 외치게 만들어야 한다. 공감은 논리를 이긴다.

U 단계를 쓰는 공식은 이렇다.

'[구체적 상황] 때문에 밤잠 설치고 계신가요? 저도 그랬습니다. [과거의 실패 경험]을 겪으며 포기하고 싶었죠.'

Problem: 진짜 문제를 정확히 짚어라

충분히 공감했다면, 이제 고객이 겪는 고통의 진짜 원인을 짚어야 한다. 여기서 중요한 것은 고객이 이미 알고 있는 표면적 문제가 아니라, 심층적인 진짜 문제를 제시하는 것이다. 대부분의 고객은 자신의 문제를 잘못 이해하고 있다. 이때 당신이 "그건 당신 탓이 아닙니다"라고 말하며, 문제를 재정의Framing해 줘야 한다.

- 고객의 생각: '내 의지력이 약해서 다이어트에 실패했어.'
- 진짜 문제(재정의): '다이어트에 실패한 건 당신의 의지 때문이 아닙니다. 렙틴 호르몬이 고장 났기 때문입니다.'

이렇게 문제를 재정의하면 고객은 2가지 감정을 느낀다. 하나는 "내 탓이 아니었구나!" 하는 '안도감'이고, 또 하나는 "그럼 이것만 해결하면 되는 건가?"라는 '호기심'이다. 이 단계가 바로 고객을 당신의 논리로 끌어들이는 결정적인 순간이다.

P 단계의 공식은 다음과 같다.

'당신이 실패한 건 [잘못 알고 있던 원인] 때문이 아닙니다. 진짜 문제는 바로 [새롭게 정의한 원인]에 있습니다.'

Evidence: 해결 가능하다는 증거를 보여라

문제를 지적하기만 하면 고객은 불안해한다. 해결할 수 있다는 '증거'를 함께 보여주며, 희망을 심어줘야 한다. 아직 본론이 아니므로 구구절절 설명할 필요는 없다. 여기에 '권위'와 '사회적 증거' 버튼을 넣으면, 신뢰가 형성된다. 권위 있는 자료나 짧은 성공 사례면 충분하다.

- '실제로 스탠퍼드대학교 연구팀은 이 호르몬 균형만 조절해

도 체지방이 30% 감소한다는 것을 입증했습니다.'

- '이 방법으로 제 수강생 300명이 1개월 만에 척추옆굽음증
  을 해결했습니다.'

E 단계의 공식은 다음과 같다.

Result: 얻게 될 결과를 분명히 예고하라

마지막으로, 이 글을 끝까지 읽었을 때 얻게 될 명확한 보상을
약속한다. 고객은 지금 자신의 귀한 시간을 투자하고 있다. 그 대
가를 확실히 보여줘야 본문을 읽기 시작한다.

- '이 글을 끝까지 읽으면, 굶지 않고도 5kg을 감량하는 식단
  표를 얻게 됩니다.'
- '딱 5분만 투자하세요. 당신의 유튜브 수익을 2배로 만들 비
  법을 모두 공개합니다.'

R 단계의 공식은 다음과 같다.

'이 글을 끝까지 읽으면 [구체적 이득]을 얻을 수 있습니다. 당신의 인생을 바꿀 [시간]이 될 것입니다.'

[실전 예시] 다이어트 보조제 상세페이지

이제 이 5가지 요소를 하나로 합쳐보자. 다이어트 보조제 상세 페이지의 도입부를 SUPER 공식으로 쓴다면 다음과 같다.

- Shock: '운동을 매일 2시간씩 하는데 왜 살이 안 빠질까요? 충격적이게도, 당신이 땀 흘려 태운 칼로리는 밥 반 공기면 도루묵이 됩니다.'
- Understand: '닭가슴살만 먹다가 물려서 야식 시켜 먹고, 다음 날 퉁퉁 부은 얼굴 보면서 자책한 적 있으시죠? 저도 3년 동안 식단과 헬스장에 돈만 쏟아부었던 사람이라 그 마음 잘 압니다.'
- Problem: '하지만 그건 당신의 의지박약 때문이 아니에요. 진짜 원인은 몸속에 쌓인 '염증 독소'가 지방을 꽉 붙잡고 있기 때문이죠. 독소를 안 빼면 물만 마셔도 살이 찐다고 합니다.'
- Evidence: '이미 강남의 유명 한의원에서는 이 '독소 배출' 원리로 요요 없는 다이어트 프로그램을 운영하고 있는데요. 실제 임상 결과, 2주 만에 평균 4kg 감량이 확인되었죠.'
- Result: '지금부터 큰돈 들이지 않고, 집에서 하루 500원으로

이 '독소'를 배출하는 비밀 레시피를 공개하겠습니다. 딱 5분만 집중해 주세요. 올여름 휴가 사진이 바뀔 겁니다.'

물 흐르듯 자연스럽게 몰입되지 않는가? 이것이 SUPER 도입부의 힘이다.

초보자들이 자주 하는 실수 2가지

도입부를 쓸 때, 초보자들이 자주 범하는 실수가 있다. 간단히 짚고 넘어가자.

① 고객이 아닌 자신의 이야기만 하기

도입부부터 자신의 경력, 수상 이력, 자격증을 늘어놓는 글이 있다. 하지만 고객은 거기에 관심이 없다. 그들은 이 글이 내 문제를 어떻게 해결해 주는지 궁금해서 클릭했을 뿐이다. 도입부에서 자기 이야기만 길어지면, 고객은 더 이상 읽을 이유를 찾지 못한 채 이탈한다.

기준을 이렇게 잡으면 쉽다. S, U, P 단계는 100% 고객 이야기로 채우자. E 단계에서만 당신의 경력이나 사례를 근거로 보여주되, 그것마저도 '이게 고객에게 어떤 도움이 되는지'를 맥락 안에서 작성하는 것이 좋다.

122

② **추상적이거나 논리적 비약으로 시작하기**

글쓰기 훈련이 부족하면 엉성한 도입부를 쓰기 쉽다. '현대 사회에서 비만은 심각한 사회 문제입니다'로 시작해 교과서적인 서론을 작성하기도 하고, 공감과 문제 제기 없이 곧장 '이 약 먹으면 살 빠집니다. 사세요' 하고 성급한 세일즈를 하기도 한다. 혹은 공감하다가 갑자기 엉뚱한 문제로 넘어가는 경우도 있다. 이렇게 맥락이 끊기면 고객은 이탈한다.

SUPER 도입부의 역할은 고객을 미끄럼틀 꼭대기에 앉히고, 등을 살짝 미는 것이다. 일단 미끄러지기 시작하면, 가속도가 붙어 본론까지 순식간에 내려가게 된다.

이제 고객은 당신의 이야기에 귀를 기울일 준비가 되었다. 신뢰도 얻었고, 기대감도 충분하다. 이제 남은 건 하나다. 약속했던 '진짜 해결책'을 보여주는 것이다. 이제 고객의 욕망을 키우고, 지갑을 열게 만드는 '본론 전개 3단계'로 들어간다. 본격적인 게임이 시작된다.

5

욕망을 증폭시키는 본론 전개 3단계

도입부에서 고객의 손을 잡고 소파에 앉히는 데 성공했다면, 본론에서는 욕망을 키워야 한다. 뇌과학적으로 보면, 먼저 감정의 뇌를 자극한 후 이성의 뇌가 구매 버튼을 누를 합당한 '명분'을 만들어주는 것이다.

나는 이 과정을 3가지 블록으로 정리했다. '솔루션', '증거', '오퍼'다. 이 3단계를 거치면, 고객은 단순히 상품이 아니라 당신이 제시하는 '변화된 미래'를 구매하게 된다. 이해를 돕기 위해, 현재 기획 중인 '유튜브 수익화 강의'의 상세페이지를 예시로 논리 구조를 공유해 보겠다.

1. 솔루션: 기능이 아닌 '변화'를 팔아라

고객은 당신의 상품 그 자체가 아니라 그 상품이 해결해 줄 문제와 그로 인한 변화에만 관심이 있다. 여기서 가장 강력하게 쓰이는 도구가 바로 마케팅의 고전이라 불리는 'FAB 공식'이다.

- F(Feature): 상품의 특징이나 스펙(예: 얼굴 없는 소규모 채널 수익화 노하우)
- A(Advantage): 그 특징이 주는 기능적 장점(예: 조회수 스트레스 없이 운영 가능)
- B(Benefit): 고객이 얻는 최종 이득과 감정(예: 퇴사 준비 완료, 추가 수입의 여유)

많은 초보자가 F(특징)만 나열하고, 중수는 A(장점)까지 말한다. 하지만 고수는 고객이 진정으로 원하는 B(이득)를 말한다. 앞서 배운 '프레이밍'을 여기서 활용하자. 상품을 '기능'의 틀이 아닌, '혜택'의 틀로 보여주는 것이다.

나는 솔루션을 제시할 때 'Before&After' 구조를 반드시 함께 쓴다. 뇌는 대비가 있을수록 변화를 더 선명하게 인식하기 때문이다. 지금의 '고통'과 '솔루션'의 대비가 극적일수록 욕망은 커진다.

구분	Before(고객의 현재 고통)	After(솔루션이 만든 미래)
문제 1	아무리 영상을 올려도 조회수가 100회를 넘지 못함	시청자와 알고리즘을 이해하고, 노출을 전제로 설계한 영상
문제 2	얼굴 공개가 부담스러워 시작조차 못함	얼굴 노출 없이도 마음 편하게 운영 가능한 채널
문제 3	조회수가 나와도 수익으로 이어지지 않음	구독자 100명으로 월 100만 원이 발생하는 수익 구조

중요한 건 '유튜브 강의 팝니다'가 아니라, '얼굴 공개 없이도, 조회수 스트레스 없이도 돈이 벌립니다'라고 말하는 것이다.

[실전 예시] 유튜브 수익화 강의: 솔루션 파트

'혹시 얼굴 공개하면 회사에서 알 수도 있을 텐데…'라는 걱정 때문에 시작도 못하고 계신가요? 걱정하지 마세요. 제 강의에서는 철저하게 '얼굴 없는 채널Feature'로 성장하는 법을 알려드립니다. 또한 알고리즘의 간택을 받아 조회수 10만 회, 100만 회를 터뜨려야 수익이 난다는 무책임한 이야기도 하지 않습니다. 대신, '조회수 100회만 나와도 월 100만 원을 만드는 실속 수익화 구조Advantage'를 알려드립니다.

이제 남들 눈치 보지 말고 마음 편하게 시작하세요. 그리고 퇴근 후 유튜브를 위해 일하지 마세요. 유튜브가 당신을 위해

일하게 만드세요. 월급 외에 든든한 제2의 파이프라인을 갖게
되는 것Benefit, 이것이 제가 약속드리는 변화입니다.'

2. 증거: 의심의 싹을 잘라버려라

마음이 흔들린 고객에게 찾아오는 감정은 '의심'이다.

"말은 그럴듯한데, 진짜 효과 있을까?"

"과장 아니야?"

이 의심을 해소하지 못하면, 구매는 절대 일어나지 않는다. '사
회적 증거'와 '권위' 버튼을 여기서 총동원해야 한다. 증거를 4가
지 유형으로 분류해서 적재적소에 배치하면 좋다.

① 데이터·통계: 숫자로 증명되는 객관적 사실('클릭률 5% 상승
   데이터')
② 사회적 증거: 잠재고객과 비슷한 사람들이 얻은 결과('저도
   한 달 만에 50만 원 벌었어요.')
③ 권위·자격: 전문가, 인증, 수상 내역('구독자 9만 명, 월 수익
   1,300만 원 인증')
④ 케이스 스터디: 과정이 보이는 구체적인 성공 사례('평범한
   주부 김○○ 님이 월 100만 원 번 과정')

증거는 한 번에 몰아서 제시하기보다, 주장이 나올 때마다 바

로 아래에 붙여주는 게 좋다. '이걸 먹으면 살 빠집니다'라고 주장했으면, 곧바로 감량에 성공한 사진을 보여주는 식이다. 증거가 많을수록 의심의 벽은 무너지고, 신뢰의 다리가 놓인다. 만약 고객 후기가 없다면, 자신의 경험과 성과가 가장 강력한 증거가 된다.

[실전 예시] 증거 파트 설계

핵심 전략: 말로만 설득하려 들지 말고 '이미지'로 승부한다.

1. 통장 내역 캡처(데이터): 구독자 수가 적었음에도 입금된 실제 통장 내역을 보여준다. '구독자 1천 명일 때 하루에 벌었던 40만 원 수익'을 시각적으로 증명한다.
2. 수강생 카톡 캡처(사회적 증거): 나만 된 게 아니라는 걸 증명한다. '유튜브 처음 해본 사촌 형의 75만 원 수익 인증', '구독자 백○○ 님의 200만 원 수익 인증' 캡처본을 배치한다.
3. 권위 부여: '저는 유튜버가 아니라, 수익을 설계하는 사업가입니다'라는 문구로 내 정체성을 정의한다.

이 증거 섹션은 정말 중요하다. 글을 쓰고 나서, 아래 체크리스트를 통해 점검하자.

□ 주장 바로 뒤에 증거가 따라오는가?

☐ 구체적인 수치가 포함된 데이터가 있는가?

☐ 나와 비슷한 사람의 생생한 후기가 있는가?

☐ 제삼자(언론, 기관, 전문가)의 권위를 빌려왔는가?

3. 오퍼: 거절할 수 없는 제안 만들기

이제 본론의 하이라이트다. 상품이 좋다는 것도 알겠고(솔루션), 믿음도 간다(증거). 이제 고객은 가격표를 볼 준비가 되었다. 여기서 단순히 "가격은 30만 원입니다"라고 말하면 흐름이 끊긴다. 여기선 상품이 아니라 '오퍼'를 던져야 한다.

1,000억 자산가 알렉스 홀모지는 "고객이 거절하면 바보라고 느껴질 정도로 좋은 제안Grand Slam Offer을 만들어라"라고 말한다. 가격 대비 가치가 압도적으로 높아 보이게 만들라는 것이다. 이러한 오퍼를 만드는 데는 다음의 4가지 요소가 있다.

① 앵커링 가격: 이 상품의 원래 가치('이 컨설팅은 150만 원입니다.')

② 실제 가격: 당신이 제안하는 가격('하지만 오늘 하루만 20만 원입니다.')

③ 보너스 스택: 본품보다 매력적인 덤('지금 사시면 50만 원 상당의 코칭권·전자책·템플릿을 무료로 다 제공해 드립니다.')

④ 보장: 위험 제거('수익 못 내면 100% 환불해 드립니다.')

특히 가격을 제시할 때 '4가지 프레이밍' 전략을 쓰면, 비싼 가격도 저렴하게 느껴진다.

- 전략 1: 분할 프레이밍(큰 금액을 작은 단위로 쪼개기)
- 예시 1: '30만 원' → '6개월 할부 시 한 달 50,000원, 하루 1,600원입니다.'

- 전략 2: 비교 프레이밍(다른 지출과 비교)
- 예시 2: '멤버십 월 4,900원 -> 커피 한 잔 값으로 매주 투자 인사이트를 받아가세요.'

- 전략 3: 손실 프레이밍(안 사면 잃는 것 강조)
- 예시 3: '지금 안 배우면 잘못된 시행착오로 1년을 허비할 수 있습니다. 그 기회비용이 얼마인지 계산해 보셨나요?'

- 전략 4: 투자 프레이밍('비용'이 아니라 '투자'로 포지셔닝)
- 예시 4: '30만 원을 쓰는 게 아닙니다. 유튜브로 월 100만 원짜리 온라인 건물을 세우는 겁니다.'

[실전 예시] 오퍼 파트 설계

핵심 전략: 고객이 가질 '실행의 두려움'을 보너스로 미리 제거한다.

1. 가격 프레이밍: '90만 원짜리 강의를 29만 원에 드립니다'라
   고 앵커링을 건다.

2. 보너스 스택: 고객이 강의를 듣고도 실행하지 못할 핑계를
   미리 차단한다.

   - 디자인 못한다고요? → '썸네일 레퍼런스', '디자인 소스'
     제공
   - 글재주가 없다고요? → '도입부 패턴', '원고 프롬프트' 제공

3. 위험 제거: '3개월 실행 후 수익 0원이면 전액 환불'이라는
   초강수를 둔다.

최종 완성: 읽는 순간 갖고 싶어지는 본론의 마법

이제 본론의 3가지 블록(솔루션, 증거, 오퍼)이 완성되었다. 이
3가지는 따로 노는 게 아니라 하나의 미끄럼틀처럼 자연스럽게
연결되어야 한다.

1. 솔루션: '당신의 인생이 이렇게 멋지게 변합니다.'(욕망 자극)
   → 고객의 심리: "오, 이게 답이구나. 근데 정말 될까?"

2. 증거: '못 믿겠다고요? 여기 증거가 있습니다.'(신뢰 구축)
   → 고객의 심리: "1,420명이 성공했다고? 그럼 나도 될 것
     같은데. 근데 얼마지?"

3. 오퍼: '이 엄청난 가치를 커피 한 잔 값에 드립니다.'(가치

입증)

　　→ 고객의 심리: "총 105만 원 가치를 29만 원에? 3개월 환
　　　　불 보장까지? 이건 안 사면 손해네!"

이 흐름이 매끄러워야 한다. 이 과정에서 초보자는 흔히 오퍼를 너무 약하게 구성하는 실수를 한다. 상품만 덜렁 내놓지 말고, 보너스와 보장 정책을 층층이 쌓아 올려서 가치의 탑을 만들어 보자. 고객이 가격표를 보는 순간 "와, 이건 안 사면 손해다"라는 생각이 들게 해야 한다.

자, 이제 모든 블록을 합친 최종 예시를 보자. 지금까지 배운 내용이 어떻게 유기적으로 연결되는지 확인해 보라.

[최종 통합 예시] 유튜브 수익화 강의: 본론 파트

(1) 솔루션 - 욕망 자극

'솔직히 말씀드리겠습니다. 당신이 유튜브로 돈을 못 버는 이유는 '조회수'가 부족해서가 아닙니다. '편집' 실력이 부족해서도 아닙니다. '파는 법'을 모르기 때문입니다. 조회수에만 매달리는 디지털 막노동에서 이제 벗어나세요.

제가 알려드리는 '유튜브 수익화 비법'을 적용하면, 조회수가 100회만 나와도 괜찮습니다. 그 100명이 당신의 블로그로, 당신의 홈페이지로 흘러 들어와 결제하게 될 테니까요. 남들은 '구독자 늘리기', '조회수 늘리기' 노동을 할 때, 여러분은 '매

출 늘리기’ 게임을 하세요. 당신이 자는 동안에도 영상 하나가 100명의 영업 사원 역할을 하는 시스템, 이것이 진정한 수익화입니다.

상상해 보세요. 남들은 양산형 콘텐츠 만들겠다고 AI에 돈 써가며, 고가 강의 결제하며 시행착오를 겪습니다. 반면 당신은 영상 하나 만들어 올린 뒤, 다음 날 아침 스마트폰을 켜면 ‘입금’ 알림이 와있습니다. 이것이 제가 약속드리는 변화입니다.’

(2) 증거 - 신뢰 구축

“말은 쉽지, 그게 진짜 되겠어? 그리고 난 팔 것도 없어!’ 싶으시죠? 이해합니다. 그래서 제 성과를 투명하게 공개합니다.

【이미지 삽입: 구독자 1,000명 시절 월 수익 인증】

보시다시피 제 채널의 구독자가 1,000명대였을 때, 조회수가 구독자보다도 안 나왔었습니다. 그럼에도 하루에 40만 원에서 많게는 100만 원까지 벌었습니다. 저뿐만이 아닙니다. 영상 편집이라곤 ‘1’도 모르던 친척은 구독자 0명 상태에서 올린 첫 영상부터 75만 원의 수익을 냈고, 제 구독자인 백○○ 님은 월급 외 수익으로 200만 원을 벌었습니다. 그들은 하나같이 “이렇게 돈 버는 건 줄 알았으면 진작 할 걸 그랬다”라며 놓친 기회비용을 후회했죠.

저는 이 노하우로 구독자 9만 명, 월 수익 1,300만 원까지 달성해봤습니다. 조회수에 일희일비하지 않고도 수익이 나는 시스템, 제가 직접 검증한 이 비법들을 당신 손에 쥐여드리겠습니다.'

(3) 오퍼 - 가치 입증

'이 시스템을 배우는 데 저는 수천만 원의 수업료와 하루 12시간씩, 3년의 시행착오를 치렀습니다. 하지만 여러분께는 그 비용과 시간을 단 29만 원에 드리겠습니다. 한 달 월세도 안 되는 금액으로, 매달 수익이 들어오는 온라인 건물을 구축해 보세요.

잠깐! 실행을 주저하는 분들을 위해 제 창고를 털었습니다. 얼리버드 기간에 결제하시는 분들께는 '특별 보너스 5종'을 추가로 드릴게요.

- 클릭을 부르는 썸네일 레퍼런스 205개(10만 원 상당)
- 이탈을 막는 강력한 도입부 패턴 20개(10만 원 상당)
- 실제 반응을 이끌어내는 숏폼 레퍼런스 77선(10만 원 상당)
- 고퀄리티 원고 작성 프롬프트(10만 원 상당)
- 직관적인 영상 디자인 소스 제작법(10만 원 상당)

이 자료들로 빠르게 콘텐츠에 대한 감을 잡으면, 유튜브를 훨씬 수월하게 운영할 수 있을 겁니다. 강의비만큼이나 큰 추가 혜택을, 지금 결제하시는 분들께만 드릴게요. 그리고 제 이름 걸고 하나 더 약속드리겠습니다. 강의 내용을 전부 실행했는데도 3개월 안에 수강료인 29만 원조차 벌지 못한다면, 이유 불문하고 100% 전액 환불해 드리겠습니다.

지금 여러분에게는 2가지 선택지가 있습니다. 강의를 듣고 유튜브로 평생 연금 같은 수익을 벌거나, 아니면 지금과 똑같이 지내거나. 잃을 건 0원입니다. 지금 바로 시작하세요.'

실전 통합 예시를 보니 어떤 감정이 드는가? 유튜브 수익화에 관심이 있는 사람이라면 욕망이 끓어오르고, 의심이 옅어지며, 안 사면 손해라는 생각이 들었을 것이다. 하지만 마지막 관문이 남았다. 인간은 구매 직전, 본능적으로 한 번 더 멈춘다. "꼭 지금 사야 하나?", "나중에 할까?", "괜히 문제 생기진 않을까?"하고 말이다. 이 마지막 저항을 제거하고, 기어코 구매 버튼을 누르게 만드는 '결론'의 기술을 살펴보자.

수영장에 있는 다이빙대를 상상해 보자. 사다리를 타고 올라가 다이빙대 끝에 섰다. 아래를 보니 물이 시원해 보인다(욕망). 먼저 뛰어내린 사람들도 시원하고 재밌다며, 어서 뛰어내리라고 응원한다(사회적 증거). 뛰어내리면 강렬한 기억 하나쯤은 확실히 남을 것 같다(이득).

그런데도 당신은 발만 동동 구른다. "배로 떨어지면 아프지 않을까?", "물이 너무 차갑진 않을까?", "수영복이 벗겨지면 어쩌지?" 구매 직전의 고객 마음이 딱 이렇다. 지금까지 잘 따라왔던 고객도 결제 버튼 앞에서는 본능적인 저항을 느낀다. 뇌과학적으로 보면, 변화를 싫어하는 '파충류의 뇌'가 비상벨을 울리는 것이다.

이때 판매자가 해야 할 일은 "빨리 뛰어!"라고 소리치는 게 아니다. "물은 차갑지 않아", "다치지 않게 내가 받아줄게", "지금 안 뛰면 다이빙 허용 시간 끝나"라고 말하며 등을 살짝 밀어주는 것이다. 이 마지막 밀어주기 기술이 바로 앞서 말한 '반론 처리', '긴급성', 'CTA(행동 유도)'다. 이 3단계를 거치면 고객은 두려움을 이기고, 기분 좋게 다이빙하게 된다. AIDA의 마지막 A 단계, 저항을 제거하고 구매 버튼을 누르게 만드는 결론 설계를 시작해 보자.

1. 반론 처리: 고객의 마음을 읽어라

고객은 말하지 않지만, 속으로 끊임없이 핑계를 댄다. 이 생각을 미리 읽어내어 "그 걱정은 안 하셔도 됩니다"라고 먼저 답할 수 있어야 한다. 이것이 바로 '반론 처리'다.

고객의 반론은 대부분 5가지 패턴으로 나타나는데, 그 대응법은 다음과 같다.

1. "저한테도 효과가 있을까요?", "저는 초보인데 너무 어렵지 않을까요?", "제가 정말 할 수 있을까요?"(적합성 의심, 자기 효능감 부족)

   → '이 프로그램은 초보자를 위해 설계되었습니다. 컴맹인 50대 주부도 해내셨습니다. 당신도 잘할 수 있습니다.'(쉬운 난이도 강조)

137

2. "시간이 없는데, 가능할까요?"(노력 비용)

　→ "하루 30분이면 충분합니다. 출퇴근 시간만 활용해도 됩
　　니다."(최소 시간, 적은 노력 강조)

3. "너무 비싼 거 같아요."(금전적 비용)

　→ '하루에 커피 두 잔을 한 잔으로 줄이시면 됩니다. 평생
　　벌 돈에 비하면 아주 작은 투자죠.'(가치 프레이밍)

4. "나중에 하면 안 될까요?"(미루기)

　→ '내일이면(다음 오픈 때는) 가격이 오릅니다.'(긴급성)

5. "정말 믿어도 될까요?"(신뢰)

　→ '효과가 없으면 100% 환불해 드립니다.'(위험 제거)

반론 처리는 주로 'Q&A(자주 나오는 질문)' 형식을 빌려 자연스럽게 배치한다. 질문은 고객의 불안을 대변해야 하고, 답변은 확신을 줘야 한다.

[실전 예시] 유튜브 수익화 강의: 반론 처리

Q. 저는 영상 편집을 하나도 모르는데 괜찮을까요?

A. 네, 처음 하시는 분도 괜찮습니다. 이 강의는 편집 기술이 아니라 '기획'을 다룹니다. 그리고 누구나 따라 할 수 있는 편

집 툴과 사용법을 알려드리니 걱정하지 마세요.

Q. 얼굴 공개가 꺼려집니다.
A. 100% 이해합니다. 저 역시 얼굴을 공개하지 않으면서도 유튜브 채널을 성장시키고 수익화했습니다. 강의 커리큘럼도 '얼굴 없는 채널' 운영법에 맞춰져 있어요.

Q. 시간이 없어서 완강을 못할까 봐 걱정돼요.
A. 하루 20분, 출퇴근길에 오디오만 들어도 충분하도록 핵심만 담았습니다. 한 강씩만 따라오셔도 됩니다.

2. 긴급성: 미루는 습관을 끊어라

불안(반론)이 해소되었다 해도, 인간은 본능적으로 결정을 미루려 한다. "좋네. 월급 들어오면 사야지" 하고 다시는 돌아오지 않는다. 이때 필요한 것이 '손실 회피'다. 지금 사지 않으면 무언가 잃는다고 느끼게 만들어야 한다.

- 긴급성: 시간 제한('오늘 자정, 특가 마감')
- 희소성: 수량 제한('선착순 30명')

'곧', '조만간' 같은 추상적인 표현은 아무 효과가 없다. 명확한

데드라인을 제시하자. 단, 거짓말은 절대 금물이다. 합리적인 이유와 함께 제한을 걸어야 한다. '컨설팅 퀄리티 유지를 위해 매달 10명만 모집합니다'처럼 말이다.

[실전 예시] 유튜브 수익화 강의: 긴급성 부여

'경고: 이 혜택은 곧 사라집니다.

현재 제공되는 '얼리버드 40% 할인'과 '시크릿 보너스 5종(50만 원 상당)'은 오늘 자정까지만 유효합니다. 자정이 지나면 수강료는 정상가(90만 원)로 인상되며, 보너스 자료는 별도 구매하셔야 합니다.

나중에 '그때 살 걸'하고 후회하지 마세요. 이 가격, 이 혜택은 지금이 처음이자 마지막입니다. 다음 론칭은 6개월 후 인상된 가격으로 진행됩니다.'

3. CTA Call To Action : 행동의 마찰을 제거하라

드디어 마지막 단계다. 모든 장애물을 치웠다면, 이제 고객이 해야 할 행동을 명확하게 지시해야 한다. 많은 사람이 여기서 소심해져서 '관심 있으시면 언제든 편하게 연락 주세요'와 같이 애매하게 이야기를 끝낸다. 절대 그래서는 안 된다. 명확하고 강력하게 행동을 요구해야 한다.

버튼 문구 하나만 바꿔도 클릭률이 달라진다. '신청하기'가 아

니라 '지금 바로 월 100만 원 온라인 건물 세우기', '결제하기'가
아니라 '40% 할인받고 특가로 시작하기'처럼 고객이 버튼을 누
르는 행위가 '지출'이 아니라 '이득'을 얻는 행위로 느껴지게 만
들어야 한다.

[실전 예시] 유튜브 수익화 강의: 최종 CTA
【지금 바로 유튜브 수익화 시작하기(클릭)】
※ 효과 없을 시 100% 환불 보장
※ 무이자 할부 결제 가능

최종 완성: 거부할 수 없는 피날레

이제 이 단계들을 하나로 묶어보자. 이것이 당신의 상세페이
지 가장 마지막에 들어갈 내용의 예시다.

[최종 통합 예시] 유튜브 수익화 강의: 결론 파트
(1) 반론 처리 – 안심시키기
'혹시 나한테 어렵지 않을까 걱정되시나요? 컴맹인 50대 사장
님도, 육아에 지친 주부님도 해냈습니다. 당신이 못할 이유는
없습니다. 얼굴 공개, 편집 기술, 시간 부족… 모든 걱정은 제
가 해결해 드릴게요. 그냥 따라만 오세요.'

(2) 긴급성 – 등 떠밀기

'하지만 죄송하게도 이 기회는 오래 열어둘 수 없습니다. 저의 1:1 피드백이 포함된 과정이라, 퀄리티 유지를 위해 선착순 30명으로 인원을 제한합니다. 현재 24명이 신청하셨고, 남은 자리는 단 6자리입니다. 오늘이 지나면 40% 할인 혜택과 50만 원 상당의 보너스 자료는 완전히 사라집니다. 똑같은 강의가 내일부터는 21만 원 더 비싸게 판매됩니다.'

(3) CTA – 행동 지시

'고민은 시간만 낭비할 뿐입니다. 3개월 뒤에도 같은 일상에 한숨 쉬고 있을지, 유튜브 수익 알림을 보며 기분 좋은 하루를 보낼지는 지금의 선택에 달렸습니다. 효과가 없으면 100% 환불 보장까지 해드립니다. 지금 바로 온라인 건물 구축을 시작하세요.'

▶ 【모든 혜택 받고 수강 신청하기】

한 페이지의 팔리는 글을 완성하다

우리는 지금까지 달려오며 마침내 '팔리는 글쓰기'의 9단계 구조를 완성했다.

[9섹션 구조 체크리스트]

1. 후킹: 3초 안에 멈춰 세웠는가?

2. 문제 제기: 진짜 고통을 짚었는가?

3. 공감: "이거, 내 얘기네"라고 느끼게 했는가?

4. 솔루션: 변화된 미래를 보여줬는가?

5. 증거: 의심을 잠재울 만큼 충분했는가?

6. 오퍼: 거절하지 못할 제안인가?

7. 반론 처리: 마음 속 핑계를 미리 차단했는가?

8. 긴급성: 지금 사야 할 이유를 줬는가?

9. CTA: 명확하게 행동을 지시했는가?

이 9가지 블록만 제대로 쌓아도, 당신의 글은 24시간 일하는 영업 사원이 된다. 당신이 자는 동안에도 고객을 설득하고, 결제를 받아낼 것이다. 하지만 여기서 끝이 아니다. 한 페이지의 글로는 부족하다. 사람들은 대개 처음 보는 사람의 글 하나만으로 지갑을 열지 않는다. 특히 고가의 상품이나 서비스일수록 더욱 그렇다. 그들은 여러 번 접촉하고, 신뢰를 쌓은 다음에야 결정한다. 이것을 '고객 여정'이라고 부른다.

다음 장에서는 고객을 모으고, 신뢰를 쌓고, 기꺼이 지불하게 만든 뒤 재구매로 이어지게 만드는 자동 수익 시스템인 '세일즈 퍼널'을 다룬다. 이제 단발성 판매를 넘어, 진짜 돈이 흐르는 시스템을 만들어보자.

04

팔지 않아도 팔리는
자동 수익 시스템

1

24시간 돈 버는 5단계 퍼널 구조

나는 남들보다 열심히만 하면 성공하는 줄 알았다. 실제로 그 방식으로 나름의 성과를 만들어왔다. 그런데 사업은 달랐다. 블로그 글을 쓰고, 유튜브 영상을 만들고, 다시 숏폼으로 쪼개 유튜브 쇼츠·인스타그램 릴스·틱톡·네이버 클립까지 올리며 노력했다. 처음에는 성과가 나쁘지 않았다.

하지만 치명적인 악순환에 빠졌다. 내가 콘텐츠를 생산하지 않으면, 수익도 멈춘다는 사실이었다. 심지어 같은 시간과 노력을 들여도 매달 수익이 들쑥날쑥하니 불안함이 커져갔다. 그래서 주말에도 콘텐츠를 기획하고 원고를 써야 했다. 초반에야 열정으로 버텼지만 1~2년이 지나자 지쳐가기 시작했다. 그러다 바쁘다는 핑계로 덮어뒀던 러셀 브런슨의 《마케팅 설계자》를 다시 집어 들었다. 책을 읽다 문득 이런 생각이 들었다. "와, 나 진짜 엄청 비효율적으로 살았구나." 나는 사업을 하는 게 아니었다. 고용주가 '나'인, 비정규직 노동을 하고 있을 뿐이었다. 자책이 들었지만, 동시에 희망도 느꼈다. 구조를 조금만 바꿀 수 있다면 악순환을 선순환으로 바꿀 수 있을 것이라는 희망 말이다.

당신도 혹시 다음과 같은 4가지 악순환에 빠져 있지는 않은가?

① 콘텐츠 노동의 늪: 새로운 콘텐츠를 생산하지 않으면 수익이 끊긴다.
② 광고비 블랙홀: 광고를 돌리면 잠깐 매출이 나오지만, 멈추면 즉시 매출이 하락한다.
③ 단발성 판매: 고객이 한 번 사고 이탈한다. 다시 또 새로운 고객을 찾아 헤매야 한다.
④ 측정 불가: 왜 팔렸는지, 왜 안 팔렸는지 이유를 모른다.

일부 통계에 따르면 온라인 비즈니스의 70%가 1년 안에 사라진다고 한다. 상품이 안 좋아서가 아니라 '고객을 데려오고 전환시키는 판매 시스템'이 없기 때문이다. 이 사실을 깨달은 뒤 나는 생각의 방향을 바꿨다. 온라인 콘텐츠 노동자가 아니라, 글이 자동으로 일하게 만드는 설계자가 되기로 말이다. 그 결과, 내가 콘텐츠를 만들지 않아도 결제가 일어나는 기적을 맛보았다. 그 변화를 만들어 준 '5단계 자판기 시스템'을 공유하려 한다.

온라인에서만 유독 안팔리는 이유

오프라인 옷 가게에 들어갔다고 상상해 보자. 점원이 대뜸 당신의 팔을 붙잡고 "이 코트 지금 50만 원입니다! 바로 결제하세요. 오늘만 이 가격이에요!"라고 말한다면, 아마도 점원을 이상한 사람 취급하며 바로 나왔을 것이다. 그런데 놀랍게도 온라인에서는 많은 판매자가 이런 식으로 판매하고 있다. 랜딩페이지에 막 들어온 사람에게 다짜고짜 결제를 요구하는 것이다.

오프라인 매장에서는 자연스러운 구매의 과정이 있다.

① 유입: 쇼윈도를 보고 흥미를 느껴 들어온다.
② 탐색: 매장을 천천히 둘러본다.
③ 라포 형성: 점원이 다가와 가벼운 스몰토크를 건넨다.
④ 경험: 피팅룸에서 옷을 입어본다.
⑤ 구매: 마음에 들면 결제한다.
⑥ 추가 구매: 계산대 옆 액세서리나 옷을 추가로 산다.
⑦ 바이럴: 만족한 고객이 다음에 친구를 데리고 온다.

반면 온라인은 대부분 '광고 클릭 → 상세페이지 → 구매 버튼'이 전부다. 중간 과정이 생략되니, 고객은 의심을 해소하지 못한 채 이탈한다. 아무리 설득력 있는 글을 써도, 그 글에 '단계 향상'의 흐름이 없다면 전환율은 오르지 않는다. 그래서 우리는 오프라인 매장의 자연스러운 구매 과정을 온라인에 그대로 옮겨야 한다. 그것도 자동으로 작동하게 말이다.

24시간 작동하는 5단계 자판기

나는 이 자동화 시스템을 '5단계 퍼널'이라고 부른다. '퍼널 Funnel'은 말 그대로 깔때기다. 넓은 입구로 잠재 고객을 모으고, 단계가 지날수록 정말 구매할 사람만 남기는 구조다. 이 시스템을 구축하고 나면 더 이상 고객을 쫓아다니지 않게 된다. 자판기를 조립하고 나면 그 후에는 잘 작동하는지만 보면 되듯이 말이다.

이 자판기는 다음과 같이 5단계로 작동한다.

1단계: MIFGE(매력적인 무료 선물)

첫 만남부터 돈을 요구하면 다들 도망간다. 먼저 "이걸 공짜로 준다고?" 싶은 선물을 건네고, 연락처DB를 받는다. PDF든 무료 강의든 형식은 중요하지 않다. 고객이 빚진 마음을 가질 만큼의 가치를 줘서 잠재 고객 리스트를 얻는 것이 중요하다.

2단계: SLO(저가 미끼 상품)

무료 선물로 고마움을 느낀 고객에게 저렴한 상품을 제안한다. 무난한 가격대는 1만~3만 원대다. 타깃이 전문가 쪽에 가깝다면 가격을 더 높게 책정해도 되지만, 초보자나 대중을 타깃으로 한다면 1만 원 이하도 괜찮다. 이 단계의 목적은 수익이 아니라 구매의 심리적 장벽을 허무는 것이다. 잘 설계하면 마케팅 비용을 상쇄할 수도 있다.

3단계: 육성(신뢰 구축 시나리오)

무료 선물만 받아 간 사람 혹은 저가 상품을 구매한 사람에게 지속적으로 말을 걸 차례다. 가치 있는 정보와 스토리로 신뢰를 쌓는 것이다. 메일은 매번 직접 작성하지 않아도 된다. 미리 세팅해둔 '이메일 시퀀스'가 나 대신 일한다.

4단계: 업셀링(핵심 수익 창출)

신뢰가 쌓인 고객에게 메인 상품을 제안한다. 이미 무료 상품, 저가 상품에서 만족한 고객은 당신의 고가 제안을 거부감 없이 받아들인다. 여기서 끝이 아니다. 구매 직후에 추가 상품(크로스셀링)을 제안해 객단가를 높인다. 이 단계가 바로 순수익이 제대로 발생하는 구간이다.

5단계: 바이럴(스스로 증식하는 구조)

만족한 고객이 또 다른 고객을 데려오게 만든다. 입소문을 내달라고 부탁하는 게 아니다. 추천했을 때 확실한 보상을 주는 '시스템'을 심어놓는 것이다. 그러면 고객이 자발적으로 영업사원이 된다. 이때부터 시스템은 주인의 개입 없이도 스스로

151

굴러가기 시작한다.

시스템 없이는 자유도 없다

누군가는 "그냥 블로그에 글 쓰고 계좌번호 적어두면 안 되나요?"라고 묻는다. 물론 가능하다. 돈도 벌 수 있다. 하지만 당신이 원하는 것이 경제적 자유나 시간적 자유라면, 이 시스템은 선택이 아니라 필수다.

시스템 없는 사업가는 물통을 직접 지고 나르는 사람과 같다. 물통을 나르는 동안은 돈을 벌지만, 멈추면 수익도 끊긴다. 반면 시스템이 있는 사업가는 수도관을 설치하는 사람이다. 설치하는 동안은 힘들지만, 설치한 후에는 수도꼭지만 틀어도 물이 쏟아진다.

나는 이 5단계 설계를 마친 후 일하는 시간이 3분의 1로 줄었다. 그런데도 수익은 더 안정됐다. 나머지 시간은 새로운 사업을 구상하거나 독서와 운동에 쓴다. 이것이 바로, 내가 이 책을 통해 당신에게 선물하고 싶은 주체적인 삶이다.

이제 설계도는 당신 손에 쥐어졌다. 이 5단계 자판기를 조립할 준비가 되었는가? 다음 챕터에서 고객이 연락처를 주지 않고는 못 배기게 만드는 1단계를 구체적으로 살펴보자.

2

1단계 안 받으면 손해가 되는 첫 제안

나는 일을 더 효율적으로 하기 위해 세일즈와 마케팅을 파고들기 시작했다. 단순히 회사 업무를 위해 블로그에 글을 쓰는 데서 멈추지 않고, 광고 포스터를 만들고, 복합기 쇼핑몰을 직접 구축했으며, 현장에서 쌓인 수리 노하우를 영상으로 정리해 콘텐츠로 남겼다. 목표는 분명했다. 발로 뛰던 노동을 앉아서 해결할 방법을 찾기 위해서였다.

문제는 사장님과의 의견 충돌이었다.

"이런 건 공짜로 공개하면 안 되지."

물론 회사 기밀은 유출하면 안 된다. 하지만 내가 공유하려던 노하우들은 검색하면 이미 다 나오는 것들이었다. 오히려 그 노하우를 콘텐츠로 공개하면 경쟁사를 고객으로 끌어올 수 있다고 생각했다.

많은 초보 사업가가 이러한 실수를 한다. 정말 가치 있는 것은 숨겨두고, 별로 중요하지 않은 정보만 무료로 푼다. 하지만 무료에서 가치를 못 느낀 고객은 유료 상품 역시 더 볼 필요가 없다고 판단한다. 온라인에서 고객은 누군지도 모르는 사람에게 돈과 시간을 쓰지 않는다. 판매자가 무명일수록 소비자는 품질을 확신하기 어렵다. 이 불확실성이 해소되지 않으면 지갑을 열지 않는다.

그래서 잠재 고객의 마음을 열고, 그들의 소중한 자산인 연락처(이메일, 전화번호)를 받으려면 강력한 무기가 필요하다. 그것이 바로 'MIFGEMost Incredible Free Gift Ever'다. 이는 러셀 브런슨이 만든 개념으로, '도저히 거절할 수 없을 정도로 매력적인 무료 선물'을 뜻한다. "이건 안 받으면 손해다"라고 느끼게 만드는, '리드마그넷Lead Magnet'을 만드는 확실한 방법을 살펴보자.

고객의 정보를 훔치지 말고, 거래하라

리드마그넷은 말 그대로 자석Magnet처럼 잠재 고객을 끌어당기는Lead 도구다. 하지만 무료라고 다 통하지는 않는다. 당신의 컴퓨터 폴더를 열어보자. 다운로드만 받고, 한 번도 열어보지 않은 PDF가 수두룩하지 않은가? 성공하는 리드마그넷은 다르다. 고객은 자신의 개인정보를 제공하는 대가로, 즉각적인 해결책을 원한다. 이것은 구걸이 아니라 정당한 '가치 거래'다.

그렇다면 우리는 어떤 선물을 줘야 할까? 효과가 검증된 7가
지 유형과 그 원리를 먼저 이해해 보자.

리드마그넷의 7가지 유형

초보자도 빠르고 확실하게 성과를 낼 수 있는 방식들을 살펴
보자.

1. 체크리스트·템플릿

전 세계 35만 개 이상의 기업이 사용하는 온라인 마케팅 솔루
션 기업인 '겟리스폰스GetResponse'가 790명의 마케터를 대상으로
진행한 조사에 따르면, 58.6%가 체크리스트·뉴스레터·툴킷 같은
단편 콘텐츠가 가이드나 백서 같은 장편 콘텐츠보다 높은 전환
율을 보인다고 답했다. 즉시 적용할 수 있고, 빠르게 소비할 수
있다는 점이 전환에 유리하게 작용한 것으로 분석된다. 사람들
은 읽을거리보다 바로 써먹을 수 있는 걸 선호한다. 빈칸만 채우
면 끝나는 템플릿이나 O/X만 체크하면 되는 리스트를 추천한다.

- '따라 쓰기만 하면 팔리는 상세페이지 템플릿'
- '무조건 먹히는 제목·후킹 문구 50선'
- '네이버 스마트플레이스 상위 노출 체크리스트'

2. 툴키트·리소스 사이트

고객의 업무를 돕는 실용적인 도구 모음이다. 주로 엑셀 파일이나 노션을 활용해 제공한다.

- '10만 유튜버의 저작권 걱정 없는 배경음악 리스트'
- '주식 투자 복리·수익률 계산기(엑셀 파일)'
- '프로 디자이너가 쓰는 무료 폰트·이미지 사이트 TOP 10'

3. 퀴즈·진단 테스트

누구나 자기 자신에 대해 알고 싶어 한다. 참여하는 순간 몰입하게 되고, 결과를 보기 위해 이메일을 남긴다. 그래서 일반 리드 마그넷보다 전환율이 높다.

- '나에게 맞는 다이어트 유형 테스트'
- '나의 피부 타입 분석 테스트'
- '나의 노후 준비 현황 진단 테스트'

4. 웨비나·무료 강의

전문성과 신뢰를 쌓는 데는 영상만 한 게 없다. 특히 고가 상품을 파는 경우 효과적이다. 하지만 시청 시간이 길면 진입 장벽이 높고, 생산자 입장에서는 제작 비용과 시간이 많이 든다. 그래서 처음엔 15분 내외의 짧은 영상으로 시작하는 게 좋다.

- '초보 유튜버가 한 달 안에 수익화하는 비공개 미니 강의(무료)'

5. 케이스 스터디

실제 성공 사례를 분석한 자료다. 구체적인 숫자와 과정이 있어서 신뢰도가 높다.

- '월 300만 원 매출 달성한 인스타그램 전략'

6. PDF 전자책·가이드북

가장 흔한 형태의 MIFGE(무료 선물)다. 전문성을 증명하기에 좋지만 제작 기간이 길고, 특정 타깃에게는 부담스러울 수 있다. 만약 전자책을 만든다면, 백과사전 형태가 아니라 특정 문제에 대한 얇은 해결서 콘셉트가 효과적이다.

- '30일 다이어트 실전 가이드'

7. 무료 체험·샘플

소프트웨어나 화장품 등 실물 상품에 적합하다. '30일 무료 체험', '샘플 키트' 같은 것들이 여기에 해당한다. 전환율은 높지만 원가가 들고, 정보성 상품에는 적용하기 어렵다. 그래서 이 경우 본품의 핵심만 미리 보여주는 방식이 좋다.

타깃에 따라 효과는 각각 다를 수 있다. 하지만 공통 원칙이 있다. 다운로드하자마자 즉각 실행할 수 있어야 한다. 즉, 50페이지 전자책보다 A4 1장짜리 체크리스트가 더 효과적일 수 있다. 만약 처음 시작한다면, 1번이나 2번을 추천한다.

성공하는 MIFGE를 만드는 3가지 핵심 전략

아무리 좋은 템플릿이라도 전략 없이 뿌리면 의미 없다. 다운로드 전환율을 끌어올리는 3가지 전략을 알아보자.

전략 1. 초정밀 타깃팅

'모두를 위한 영어 회화 가이드' 같은 제목의 자료는 아무도 다운로드하지 않는다. 전환율 높은 MIFGE(무료 선물)는 포괄적인 주제가 아니라, 딱 하나의 긴급한 문제를 해결하도록 설계해야 한다. 특히 '누구나'가 아니라 '누가 받아야 하는지'를 제목에서 특정해야 리드 품질이 올라가고 후속 판매도 쉬워진다.

- 나쁜 예: '초보자를 위한 다이어트 식단표'
- 좋은 예: '출산 후 부기 때문에 고민인 30대 엄마를 위한 3일 해독 주스 레시피'
- 좋은 예: '1인 사업자가 7일 안에 고객 100명 모으는 랜딩페이지 체크리스트(PDF)'

타깃이 구체적일수록 해당 고객은 "어? 이거 나한테 꼭 필요한데?"라며 반응한다. 대상을 좁힐수록 전환율은 올라간다.

전략 2. 즉각적인 가치

고객은 지금 머리가 아프다. 그런 고객에게 '두통이 생기는 원리와 6가지 체질 개선법'을 주면 안 된다. 당장 10분 안에 두통을 멈추게 하는 '아스피린'을 줘야 한다. 리드마그넷은 공부해야 하는 자료가 아니다. 실행하게 만드는 자료다. 고객이 다운로드하고 10분 안에 작은 성취를 맛보게 하자. 그 작은 성공이 당신에 대한 무한한 신뢰로 이어진다.

- 공부형(×): '스마트스토어 마케팅 원론'
- 해결형(○): '스마트스토어 첫 주문 들어오는 상세페이지 핵심 문장 5가지'

좋은 리드마그넷의 조건 중 하나는 '즉시 적용, 즉각적 만족'이다. 받는 즉시 작은 성과를 경험하게 만들수록 전환과 신뢰가 함께 올라간다.

전략 3. 전문성 증명

무료라고 대충 만든 자료를 주는 순간, 당신의 브랜드 가치는 바닥으로 떨어진다. 고객은 무의식적으로 판단한다. '무료가 이 정도 수준이면, 유료 상품도 뻔하겠네'라고 말이다. 당신이 무명일지라도 잠재고객은 기억하고 있다가 다음에 보이면 거른다.

반대로 무료 자료임에도 깔끔한 디자인에 내용도 알차다면 어떨까? '와, 무료가 이 정도면 유료는 얼마나 대단한 거야?' 같은 기대감이 생긴다. 그 기대가 팔로우로 이어지고, 다음 단계인 구매를 만든다.

그렇다고 디자이너까지 필요하지는 않다. 미리캔버스나 캔바 같은 무료 툴을 사용하거나, 나노바나나 같은 AI 툴을 활용해서 표지만이라도 그럴듯하게 만들자. 포장은 내용물만큼이나 중요하다.

자, 당신의 리드마그넷은 합격인가? 아래 표를 보고 점검해 보자.

구분	실패하는 리드마그넷	성공하는 리드마그넷
타깃	모든 사람	명확한 페인포인트를 안고 있는 사람
주제	포괄적이고 추상적인 이론	하나의 구체적인 문제 해결
형식	읽기 부담스러운 50페이지 텍스트	바로 적용할 수 있는 템플릿이나 체크리스트
가치	언젠가 도움 될 미래가치	5분 안에 체감되는 즉각적 가치
제목	설명적인 제목(예: 글쓰기 개론)	혜택 중심 제목(예: 글쓰기 수익화 치트키)
느낌	"공짜니까 일단 받아두자"	"이걸 안 받으면 큰 손해다"

이제 빈칸을 채우며, 첫 번째 미끼를 설계해 보자.

[MIFGE 기획 템플릿]

1. 누구에게 줄 것인가?(타깃)

- 나는 _____ 때문에 잠 못 이루는 _____를 돕고 싶다.

  예: 아이의 이유식 거부로 힘들어하는 초보 엄마

2. 어떤 즉각적인 해결책을 줄 것인가?(솔루션)

- 그들이 ____분 안에 _____ 문제를 해결할 수 있게 돕겠다.

  예: 3분 안에 아이가 입을 벌리는 이유식 세팅법

3. 어떤 형식으로 줄 것인가?(유형)

- PDF 전자책보다는 _____ 형식이 좋겠다.

  예: 식단 세팅 템플릿

4. 제목은 무엇인가?(후킹)

- 제목: _____________________________

  예: 이유식 거부하는 아이가 무조건 먹게 만드는 마법의 식
  단 세팅법

잘 만든 미끼, 어디에 뿌려야 물고기가 모일까

기획까지 마쳤다면 이제 고객의 눈앞에 이 미끼를 가져다 놓아야 한다. 아무리 좋은 미끼라도 주머니에 넣어두면 아무도 물지 않는다. 돈 들이지 않고도 트래픽(방문자)을 끌어와 다운로드를 유도하는 3가지 핵심 경로를 세팅하자.

1. 고정형 입구

프로필 링크와 공지사항 등 가장 눈에 띄는 곳부터 선점하자. 인스타그램 프로필, 블로그 공지사항, 유튜브 채널 정보란 등 운영하는 채널의 대문에 신청 페이지 링크를 걸어두는 것이다. 고객이 프로필을 클릭했을 때, 가장 먼저 보여야 하는 것이 바로 이 무료 선물이어야 한다.

2. 확산형 입구

블로그 글 하단, 뉴스레터 마지막 문장, 영상의 마지막 멘트처럼 콘텐츠가 끝나는 지점에 CTA를 배치하여 행동을 유도하라. "이 내용이 도움 되셨다면, 더 구체적인 노하우가 담긴 체크리스트를 무료로 받아보세요. 링크는 댓글에 있습니다"라고 말이다. 콘텐츠를 다 본 사람은 이미 당신에게 신뢰가 생긴 상태다. 이때 미끼를 던지면 전환율이 급격하게 높아진다.

3. 침투형 입구

아직 내 채널의 규모가 작다면, 물고기가 이미 모여있는 곳으로 가야 한다. 맘카페, 오픈채팅방, 직장인 커뮤니티 등 타깃이 상주하는 곳에 가서 도움이 되는 정보를 주며 자연스럽게 자료를 나누자. 핵심은 홍보가 아니라 '정보 제공'이다. "제가 쓰려고 만든 자료인데 필요하신 분 계신가요?"라는 식의 접근은 거부감 없이 잠재고객을 끌어온다.

이 3가지만 세팅해도, 자고 일어날 때마다 고객의 연락처가 쌓이는 경험을 하게 될 것이다.

미끼를 물었다면, 이제 요리할 차례다

이 전략대로라면 당신은 고객의 연락처를 꽤 많이 확보하게 될 것이다. 하지만 리드마그넷의 목적은 단순히 연락처를 모으는 것이 아니다. 여기서 멈추면 당신은 그저 자원봉사자에 머물 뿐이다. 이제 이들을 진짜 고객, 즉 구매하는 사람으로 바꿔야 한다. 결국 리드마그넷의 성패는 '무료 제공'이 아니라, 그 다음 행동(구매)까지 이어지는 설계에 달려 있다.

따라서 잠재고객이 무료 선물을 받은 직후, 아주 자연스럽게 지갑을 열게 만드는 '마법의 제안'이 필요하다. 그 해답은 바로 다음 장에서 다룰 2단계에서 찾을 수 있다.

3

2단계 9,900원으로 광고비를 회수하는 오퍼

"무료 선물(MIFGE)을 줬더니 반응이 좋아요. 연락처도 꽤 모였고요."

"축하드립니다. 그럼 이제 50만 원짜리 상품을 팔아 볼까요?"

"네? 갑자기요? 다 도망가면 어쩌죠?"

맞다. 십중팔구 도망간다. 이건 마치 이제 막 연락처를 교환한 이성에게, 다음 날 "결혼합시다"라고 프러포즈하는 것과 같다. 상대는 부담을 느끼고 바로 등을 돌릴 것이다.

무료 선물을 받은 사람과 당신 사이에는 아직 신뢰의 간극이 크다. 고객은 당신의 무료 자료가 좋다는 건 알지만, 큰돈을 쓸 만큼 신뢰가 쌓인 건 아니다. 이 상태에서 메인 상품을 들이미는 건 도박에 가깝다. 그래서 우리에겐 중간 단계가 필요하다. 부담 없이 지갑을 열 수 있으면서도, 당신의 가치를 확실하게 증명할 수 있는 저렴한 상품을 파는 것이다. 우리는 이것을 SLO^{Self-Liquidating Offer}, 즉, '자기 청산 오퍼'라고 부른다. 쉽게 말하면, 광고비를 스스로 벌어오는 상품이다. 이 개념을 이해하는 순간, 당신은 마케팅 비용의 공포에서 해방될 것이다.

마이너스가 플러스로 바뀌는 구조

나 역시 처음엔 유료 광고가 부담스러웠다. 클릭 몇 번에 증발하는 돈이라 느껴졌다. '이러다 물건 하나도 못 팔면 돈만 날리는 거 아니야?' 이런 불안은 아마 당신도 한 번쯤 느껴봤을 것이다. 하지만 SLO를 적용한 뒤, 자신감이 붙기 시작했다. 광고비를 쓴 만큼 그 즉시 회수된다는 걸 알았기 때문이다. SLO가 강력한 이유는 크게 3가지다.

효과 1. 무한 광고 루프

만약 당신이 광고비 10만 원을 써서 100명의 잠재고객을 모았다고 가정해 보자. 그럼 한 명당 1,000원꼴인 셈이다. 그런데 이들에게 바로 1만 원짜리 전자책을 제안해서 10명이 샀다면, 매출은 10만 원이다. 당신은 광고비 10만 원을 썼으니, 손익은 0원이다.

하지만 중요한 것은 당신에게 '구매 의지가 있는 100명의 고객 리스트'가 사실상 공짜로 생겼다는 데 있다. 원래 이 리스트를 확보하려면 비용이 든다. 광고비를 쓰거나 콘텐츠를 제작하는 데 시간과 인건비를 투입해야 한다. 그런데 SLO를 통해 광고비를 그대로 회수했다면, 이제부터 상황이 달라진다. 다른 사람들이 광고비가 무서워 멈춰있을 때 우리는 더 많은 실험을 하며 시장을 빠르게 장악할 수 있기 때문이다.

물론 광고를 무작정 늘리면 어느 시점 이후로는 전환율이 떨어진다. 하지만 소극적으로 광고해서 효과를 못 보는 것보다는 훨씬 낫다. 게다가 전환율을 더 높이거나 SLO의 단가를 좀 높인다면 광고비 상쇄를 넘어 돈을 벌 수도 있다.

효과 2. 구매자 리스트의 힘

무료 선물만 노리는 사람과 단돈 1,000원이라도 결제해 본 사람은 하늘과 땅 차이이다. '마케팅 지표Marketing Metrics'에 따르면, 기존 고객에게 판매할 확률은 60~70%인 반면, 신규 고객은 5~20%에 불과하다. 즉, 한 번이라도 결제한 고객은 신규 고객보다 전환율이 최소 3배에서 최대 14배까지 높다.

예를 들어 무료 리스트 100명에게 30만 원짜리 상품을 제안하면 많아야 한 명이 구매하지만, SLO 구매자 리스트 100명에게 똑같은 제안을 하면 6명 이상 구매한다. SLO는 당신의 고객 리스트에서 '구경꾼'과 '진짜 고객'을 가려내는 거름망 역할을 하는 것이다.

효과 3. 심리적 장벽 제거

로버트 치알디니Robert B. Cialdini의 《설득의 심리학》에는 '일관성의 법칙'이라는 개념이 등장한다. 사람은 한 번 내린 결정을 유지하려는 경향이 있다는 이론이다. 1만 원이라도 결제라는 작은 문턱을 넘은 고객은 심리적으로 구매에 대한 장벽이 낮아진다. 한 번 결제해 보고 "이 사람 상품은 믿을 만해"라는 인식이 생기면, 10만 원, 30만 원, 100만 원짜리 상품까지도 훨씬 자연스럽게 받아들인다.

고객이 망설이지 않고 결제하게 만드는 SLO의 3대 조건

그렇다면 우리는 어떤 상품을 만들어야 할까? 저렴하기만 하면 될까? 절대 아니다. SLO는 저렴해야 하지만, 가치는 결코 싸구려여서는 안 된다. 오히려 메인 상품보다 더 큰 만족감을 줘야 한다. 1만 원짜리도 체감상 10만 원이라는 느낌이 들 정도로 말이다. SLO는 본 상품으로 이어지는 '다리'이기 때문이다.

따라서 성공적인 SLO를 위해서는 다음의 3가지 조건이 충족되어야 한다.

조건 1. 충격적인 가성비

고객이 보자마자 고민 없이 결제 버튼을 누를 정도의 가격대가 좋다. 이것을 마케팅 용어로 '노브레이너No-Brainer(생각할 필요도 없는 제안)'라고 부른다. 고객으로부터 "이걸 이 가격에 준다고? 미쳤나 봐!"라는 반응이 나와야 한다. 고객에게 감동을 주면 더 크게 돌아올 것이다.

조건 2. MIFGE와의 연관성

뜬금없는 상품을 팔면 안 된다. 무료 선물(MIFGE)이 '무엇What'을 알려줬다면, SLO는 '어떻게How'를 알려주거나 그에 필요한 도구를 제공해야 한다. 예컨대 다이어트 식단표를 받은 사람에게 갑자기 영어 단어장을 팔면 안 된다는 뜻이다. '식단 기록 다이어리'나 '7일 다이어트 키트'를 팔아야 한다. SLO는 MIFGE와 연결되어야 전환율이 높다. 주제가 어긋나면 고객은 혼란스러워한다.

조건 3. 즉각적인 만족

고객이 SLO 상품을 이해하고 활용하는 데 한 달이 걸려서는 안 된다. 구매하자마자 열어보고, 당장 오늘 저녁에 써먹을 수 있어야 한다. 그래서 긴 동영상 강의보다는 템플릿, 짧은 전자책, 툴키트 등이 더 효과적이다. 빠른 만족감은 다음 단계인 업셀링으로 가는 다리가 된다.

무료 상품에서 본 상품까지 실제로 어떻게 연결되는지 2가지 예시를 살펴볼 것이다. 이 흐름을 당신의 비즈니스에 대입해 보자.

단계	다이어트 컨설팅	1인 사업자 마케팅
MIFGE	'살 안 찌는 야식 레시피 5선 PDF' → 다이어터의 죄책감을 덜어주는 미끼	'클릭을 부르는 블로그 제목 50개' → 마케터의 시간을 아껴주는 템플릿
SLO	'3일 다이어트 도시락 키트'(9,900원) → 밥 해먹기 귀찮은 문제를 즉시 해결	'따라 쓰면 팔리는 상세페이지 공식'(19,000원) → 제목 다음 단계인 본문 작성 문제 해결
본 상품	'4주 1:1 밀착 식단 코칭'(24만 원) → 의지박약 문제를 근본적으로 해결	'매출 3배 올리는 마케팅 워크숍'(50만 원) → 피드백과 코칭을 통한 실력 향상

각 단계는 독립된 상품이 아니라, 하나의 스토리로 자연스럽게 연결된다. MIFGE로 호기심을 끌고, SLO로 작은 문제를 해결해 주며 신뢰를 얻은 뒤 메인 상품으로 큰 문제를 해결해 주는 구조다.

결국 핵심은 '관계'다

러셀 브런슨은 무료 또는 저가 오퍼로 진입시킨 뒤, 상향판매로 수익을 만드는 구조를 끊임없이 강조해왔다. 그는 이 구조로 10년 동안 1억 달러 이상을 벌었다.

우리는 SLO 단계를 통해 돈을 지불한 고객을 확보했고, 광고
비 부담도 덜었다. 들어오는 수익으로 다시 광고를 돌리면, 고객
은 눈덩이처럼 불어날 것이다. 하지만 여기서 안심하기에는 이
르다. 여전히 구매하지 않은 90%의 고객, 그리고 이제 막 1만 원
을 쓴 고객에게 더 큰 가치를 전달해야 한다.

이제는 더 값비싼 메인 상품을 팔 차례다. 다만 "이제 믿으시
죠? 그럼 사세요!"라고 말하기엔 이르다. 조금 더 깊은 대화, 조
금 더 끈끈한 유대감이 필요하다. 다음 챕터에서는 고객이 마음
을 열고, 결국 스스로 자신의 문제를 제대로 해결해 줄 상품을
만들어 달라고 요청하게 되는 결정적 3단계를 다룬다.

4

3단계 5번의 메시지로 마음을 사로잡는 육성 시퀀스

나는 연애가 서툰 편이었다. 늘 조급했고 상대가 떠날까 불안했다. 첫 만남 다음 날 연락하고, 또 연락했다. 그렇게 내가 얼마나 좋은 사람인지를 증명하려 애썼다. 결과는 뻔했다. 처음엔 호감을 보였던 상대도 부담을 느끼고 연락을 끊었다. 시간이 지나서야 깨달았다. 그건 진심이 아니라 강요일 수 있었다는 것을.

마케팅도 연애와 다르지 않다. 연락처를 받았다는 건 이제 겨우 대화를 시작할 자격을 얻은 상태다. 상대가 나를 신뢰하고 마음을 열 때까지는 충분한 시간이 필요하다. 이 단계가 바로 '육성'이다. 씨앗을 심자마자 바로 수확하려 들면 시스템은 튼튼하게 자리 잡지 못한다.

프랜차이즈 카페 간판만 봐도 반가운 이유

우리는 왜 낯선 여행지에서 로컬 커피숍 대신 프랜차이즈 카페를 찾을까? 맛 때문이 아니라 익숙해서다. 실패하지 않을 거라는 믿음, 내가 아는 그 맛일 거라는 편안함 때문이다. 심리학에서는 이를 '단순 노출 효과Mere Exposure Effect'라고 부른다.

마케팅 데이터에 따르면, 고객이 구매하기까지 평균 7~11번의 접촉이 필요하다. 그런데 고작 MIFGE 한 번, SLO 한 번 보여주고 조급해하는 사람들이 많다. 그 정도 노출로는 기억에 남기조차 어렵다. 고객이 구매하지 않는 이유는 제품이 별로여서가 아니다. 아직 충분히 익숙해지지 않았기 때문이다.

그래서 직접 고객을 찾아다니며 "사세요"라고 외치는 대신, 미리 써둔 이메일이나 문자가 매일 고객에게 도착하도록 세팅해야 한다. 그렇게 시스템을 바꾸면 "혹시 유료 강의는 없나요? 더 제대로 배우고 싶어요"라며, 고객이 메인 상품을 먼저 찾기 시작한다. 이것이 육성 시나리오의 목표다.

나는 어떤 이야기를 들려줘야 할까

"매일 메일을 보내라니, 할 말이 그렇게 많아요?"

나도 처음엔 막막했다. 시행착오 끝에 2가지 패턴을 만들었다. 상품의 가격과 성격에 따라, 각기 다른 이야기를 전하는 것이다.

유형 1. 교육형 시퀀스

- 적용 대상: 10만 원 이하의 상품(전자책, 템플릿, 입문 강의 등)
- 핵심: "이 사람은 진짜 전문가구나"라는 신뢰 형성

  저가 상품을 고민하는 고객은 '정보'에 목마른 상태다. 이때는 구구절절한 내 인생사보다 당장 써먹을 수 있는 팁을 주는 게 훨씬 효과적이다. 그래서 보통 MIFGE만 받고 SLO는 구매하지 않은 고객 혹은 SLO를 구매했더라도 메인 상품이 30만 원 이하인 경우에 이 교육형 시퀀스를 사용한다.

Day 0: 환영 및 선물 전달

약속한 무료 선물을 주고, 자신에 대한 소개를 짧게 덧붙인다. 가장 중요한 건 '오픈 루프'다. 반드시 다음 메일을 기대하게 만드는 한 문장을 넣어야 한다.

[실전 예시]

- 제목: '[다운로드] 요청하신 '마법의 템플릿' 도착했습니다!'
- 내용: '안녕하세요, 김운기입니다. 신청하신 자료는 아래 버튼을 눌러 바로 받아보세요.

  [다운로드 버튼]

  참, 자료를 받아두기만 하면 50%밖에 활용하지 못하실 거예요. 내일 오전 9시에는 이 템플릿으로 실제 수익을 낸 비결을 알려드릴게요. 내일 메일은 꼭 확인해 주세요!'

Day 1: 뜻밖의 인사이트

고객이 흔히 하는 실수를 짚고, 통념을 깨는 정보를 준다. 이때 "당신 잘못이 아니에요. 방법이 틀렸을 뿐이에요"라고 말하라. 그 순간, 고객은 당신을 인정하고 신뢰하기 시작한다.

[실전 예시]

- 제목: '당신의 블로그가 방문자 10명에 멈춘 진짜 이유'
- 내용: '혹시 '1일 1포스팅' 하느라 애쓰고 계신가요? 솔직히 말씀드릴게요. 그거 그만하셔도 됩니다. 중요한 건 글의 양이 아니라 '키워드 설계'거든요. 제가 글 3개만으로도 하루 방문자 100명을 만든 비결 알려드리겠습니다.'

Day 2: 실행 가이드

거창한 이론 대신 당장 10분 안에 따라 할 수 있는 작은 팁을 준다. 고객이 직접 해보고 실제로 작은 성과라도 얻으면 신뢰도가 급상승하기 때문이다.

[실전 예시]

- 제목: '딱 10분만 투자해서 조회수 2배 만드는 법'
- 내용: '오늘은 이론 대신 실전 팁을 드릴게요. 지금 당장 쓰고 계신 글의 제목을 이렇게 바꿔보세요.
  [Before] ○○ 맛집 후기

[After] ○○ 주민만 아는 숨은 맛집 Top 3(광고 아님)
이 공식만 써도 클릭률이 2배는 올라갑니다. 오늘 바로 적용
해 보세요!'

Day 3: 사회적 증명

내가 직접 자랑하면 설득력이 떨어진다. 대신 고객과 비슷한
처지의 평범한 사람이 성공한 이야기를 들려준다.

[실전 예시]

- 제목: '저도 처음엔 컴맹이었는데 해냈어요.'(수강생 김○○ 님
  후기)
- 내용: '저한테 배우셨던 김○○ 님 기억나세요? 처음엔 마우
  스 잡는 것도 어색해하셨는데, 어제 이런 카톡을 보내오셨더
  라고요.
  (카톡 캡처 이미지: "작가님! 저 오늘 첫 주문 들어왔어요 ㅠㅠ")
  김○○ 님이 했던 방법, 사실 어렵지 않습니다.'

Day 4: 제안

더 체계적으로 배우고 싶다면 저가 상품(SLO)이 도움 될 거라
고 넌지시 권한다. 이미 신뢰가 쌓였기에 거부감이 훨씬 적다.

[실전 예시]

- 제목: '혼자 끙끙대지 말고 지름길로 오세요.'(특별 제안)
- 내용: '지난 일주일간 보내드린 팁들, 도움이 되셨나요? 이것만으로도 충분하지만, 만약 시행착오를 줄이고 더 빠르게 성과를 내고 싶다면 이 자료가 도움이 될 겁니다. 커피 두 잔 값으로 1년 치 시행착오를 아껴보세요.'(상품 링크)

유형 2. 스토리형 시퀀스

- 적용 대상: 30만 원 이상의 상품 또는 서비스(고가 강의, 컨설팅, 코칭)
- 핵심: '이 사람도 같은 고민을 했었구나'라는 동질감 주기

고가 상품은 단순히 정보만으로는 팔리지 않는다. 감정이 움직여야 한다. 그래서 논리적인 설명보다는 "나도 당신과 같았어요"라는 공감과 연결이 핵심이다. 러셀 브런슨은 이 방식을 '에피파니 브리지Epiphany Bridge'라고 부른다.

첫 번째 레터: 관계 형성(호기심)

이야기는 어리석었던 실패담으로 시작한다. 완벽한 전문가가 아니라, 고객과 똑같이 힘들어했던 사람임을 보여준다. 사람들은 성공담보다 실패담에 더 집중하고, 더 오래 기억한다.

다만 실패담이 항상 유리한 건 아니다. 이미 유능함이 어느 정

도 증명된 사람이 자신의 흠을 드러낼 때 호감이 올라간다. 반대로 유능함이 아직 검증되지 않았거나, 너무 큰 실수를 고백하면 오히려 신뢰가 떨어질 수 있다. 이런 경우엔 실패를 털어놓기보다는 신뢰할 만한 능력을 먼저 드러내는 편이 안전하다.

[실전 예시]

- 제목: '제가 월 300씩 벌다가 0원으로 추락했을 때, '이걸' 깨달았습니다.'
- 내용: '안녕하세요. 지금은 콘텐츠 마케터로 불리지만, 저는 사실 3년 전만 해도 빚더미에 앉은 실패자였습니다. 잘 다니던 회사를 때려치우고 야심 차게 1인 사업을 시작했지만, 6개월 만에 통장 잔고는 '0원'이 되었죠. 그때 저는 중요한 사실 하나를 놓치고 있었습니다.'

두 번째 레터: 욕망과 장벽(동질감으로 감정 연결)

내가 부딪혔던 벽에 대해 이야기한다. 고객은 읽으면서 "이거 내 이야기인가?"라며 고개를 끄덕인다. 이때 고객은 '남'에서 '우리'가 된다. 이 단계에서는 최대한 구체적으로 묘사하자.

[실전 예시]

- 제목: '잠을 4시간만 자면서 일했는데 왜 안 됐을까요?'
- 내용: '저는 잠을 4시간으로 줄여가며 정말 열심히 일했습니

다. 남들이 좋다는 건 다 배우고, 그대로 따라 해봤어요. 고가의 마케팅 강의도 듣고, 광고 소재도 만들어서 집행했습니다. 그런데 이상하게도 빚은 더 늘어갔죠. 교육비와 광고비로 달에 300만 원씩 태웠는데, 구매는 1건. 혹시 당신도 저처럼 '노력의 배신'을 느끼고 있진 않나요? 돌이켜 보니 제가 벽인 줄도 모르고 거기에 머리를 박고 있었던 셈이더라고요.'

세 번째 레터: 새로운 발견(희망과 전문성으로 신뢰 구축)

기존 방식의 문제를 깨닫고, 새로운 해결책(내가 팔고 싶은 상품의 핵심 원리)을 발견한 순간을 묘사한다. 이것이 바로 '유레카'의 순간이다.

[실전 예시]

- 제목: '우연히 발견한 '이것'이 모든 걸 바꿨습니다!'
- 내용: '더 이상 물러설 곳이 없던 그때, 우연히 책 한 권을 읽게 되었습니다. 머리를 한 대 맞은 것 같았죠. 문제는 제 노력 부족이 아니라 '시스템'의 부재였습니다. 그날 밤, 저는 떨리는 손으로 설계도를 그리기 시작했습니다.'

네 번째 레터: 변화의 증거(논리 보강, 손실 회피)

새로운 방법을 적용한 뒤 어떤 변화가 있었는지 구체적인 수

치로 보여준다. 나뿐만 아니라 다른 사람들의 성과까지 보여주면, 고객은 "나도 저렇게 되고 싶다"라고 생각하게 된다. 동시에 지금 행동하지 않으면 맞이하게 될 결과를 보여줌으로써 손실 회피를 자극한다. 두려움을 조장하라는 것이 아니라 현실적인 시나리오를 보여주라는 것이다.

[실전 예시]

- 제목: '시스템을 바꾸고 한 달 만에 벌어진 일'
- 내용: '솔직히 반신반의했습니다. 그런데 30일 뒤, 통장을 보고 제 눈을 의심했어요. 월 1,000만 원. '이게 가능한 거였구나' 싶었죠. 직장 연봉의 3분의 1을 한 달 만에 벌었으니까요. 더 기분 좋았던 건, 제가 잠든 사이에도 주문이 들어왔다는 겁니다. 가끔 이런 생각도 해요. '만약 그때 행동하지 않았다면 어떻게 됐을까?' 아마도 최저시급을 받으며 아르바이트를 하고 있었을 겁니다. 당신은 한 달 후, 반년 후 어디에 있고 싶으신가요?'

다섯 번째 레터: 제안(행동 촉구)

이제 메인 상품을 제안한다. 단순한 상품 판매가 아닌 "나와 함께 이 변화의 여정을 떠나자"라는 초대로 느껴지게 하자.

[실전 예시]

- 제목: '당신도 할 수 있습니다. 제가 돕겠습니다.'
- 내용: '이 시스템은 저만 할 수 있는 게 아닙니다. 수강생들도 똑같은 결과를 만들고 있으니까요. 이제 당신 차례입니다. 더 이상 맨땅에 헤딩하느라 시간과 에너지를 낭비하지 마세요. 제가 닦아 놓은 길로 오시면 됩니다.(코칭 신청하기)'

2가지 방식, 한눈에 비교하기

아래 표를 참고해서 자신의 상품에 맞는 옷을 입혀보자.

구분	교육형 시퀀스	스토리형 시퀀스
목표	"이 사람, 실력 있네?"라는 인식 형성(전문성 입증)	"이 사람, 내 마음을 아네?"라는 인식 형성(연대감 형성)
적합 상품	전자책, 템플릿, VOD 강의(저관여)	코칭, 컨설팅, 마스터클래스(고관여)
주요 내용	팁, 노하우, 정보 전달	실패담, 극복기, 가치관 공유
문체	논리적, 간결한 문장, 짧은 호흡	감성적, 서사적, 비교적 긴 호흡
핵심 감정	유용함, 신뢰감	공감, 위로, 희망

완벽하지 않아도 괜찮다

이 시나리오를 설계하며 내가 가장 많이 했던 실수는 '완벽한 글'을 쓰려다 포기한 것이었다. "압도적인 정보를 줘야 해", "자료를 더 크로스체크해야 해"라는 압박감에 시달렸다. 하지만 아이러니하게도 반응이 제일 좋았던 콘텐츠는, 힘을 빼고 툭툭 털어놓았던 투박한 글이었다.

고객은 로봇이 정리한 완벽한 정보가 아니라, 살아있는 사람이 보내는 편지를 받고 싶어 한다. 문장이 조금 거칠어도 괜찮다. 중요한 건 "나는 당신을 돕고 싶고, 당신의 문제를 잊지 않고 있다"라는 신호를 꾸준히 보내는 일이다.

이제는 정말로 프러포즈를 할 시간이다. 고객은 이미 당신을 믿고 있고, 당신의 해결책을 궁금해하고 있다. 바로 이 타이밍에, 기대치를 충족시켜 줄 '메인 상품(업셀링)'을 보여주면 된다. 다음 장에서 배울 사다리 구조로 말이다.

5

4단계 2만 원 고객을 30만 원 고객으로 키우는 가치 사다리

나 역시 한때는 3만 원대 전자책 하나를 파는 데 모든 에너지를 쏟아부었다. 재구매가 일어나는 상품이 아니고, 단일 상품이었기에 한 번 팔면 끝이었다. 물론 유튜브나 광고를 통해 신규 구매자를 계속 늘릴 수 있었지만, 한계는 명확했다.

'도대체 월 1,000만 원 이상 버는 사람들은 어떻게 하는 걸까?'

알고 보니 그들은 저가 상품을 많이 파는 게 목적이 아니었다. 저가 상품은 그저 고객을 가게 안에 들어오게 만드는 입구였고, 진짜 수익은 매장 안에서 만들어지고 있었다. 그 비밀이 바로 '업셀링Upselling'과 '크로스셀링Cross-selling'이다. 이 구조를 시스템에 적용해야 객단가(고객 1인당 평균 구매액)가 2만 원에서 30만 원으로 뛴다. 같은 100명을 데려와도 매출이 15배 차이가 나는 것이다.

이 챕터에서는 고객의 지갑을 열게 만드는 '가치 사다리Value Ladder' 설계법을 공유하고자 한다.

초보는 마진을 보고, 고수는 LTV를 본다

객단가의 차이를 만드는 결정적 개념이 하나 있다. 바로 'LTVLife Time Value', 즉 고객 생애 가치다. LTV란, 한 명의 고객이 우리와 관계를 맺는 동안 지불하는 총금액을 뜻한다. 많은 초보 사업가가 2만 원짜리 첫 상품을 팔고 남는 4천 원의 마진에 집착한다. 그래서 광고비가 조금만 올라가도 불안해한다. 하지만 '가치 사다리'를 통해 LTV를 30만 원으로 설계한 고수는 다르다. 한 명의 고객을 데려오기 위해 5만 원을 광고비로 써도, 결국 25만 원이 남는다는 계산이 나온다.

즉, LTV가 높으면 경쟁자가 엄두도 못 낼 공격적인 마케팅이 가능해진다. 시장을 장악하는 힘은 바로 여기서 나온다. 우리는 단순히 객단가를 높이는 게 아니다. 고객이 우리와 관계를 맺으며 쓸 돈의 그릇을 키우는 것이다. 그리고 이 돈의 그릇을 만드는 설계도가 바로 가치 사다리다.

고객의 지갑이 열린 바로 그 순간

우리는 흔히 고객이 결제 버튼을 누르는 순간, 판매가 끝났고 생각한다. 하지만 마케팅 심리학에서 보면, 결제 직후가 가장 강력한 '구매 구간Buying Zone'이다.

무언가를 구매하기로 결정할 때 뇌에서는 도파민이 분비된다. 이미 지갑은 열려 있고, 심리적 방어막은 내려가 있다. 이때 매력적인 제안을 하나 더 던지면, 고객은 큰 저항 없이 추가 구매한다. 이미 한 번 'Yes'를 한 상태에서는 다음 'Yes'가 훨씬 쉬워지는 일관성의 법칙이 작동하기 때문이다. 이 황금 같은 타이밍을 그냥 흘려보내는 것은 물 들어올 때 노를 젓지 않는 일과 같다.

업셀링 vs 크로스셀링

업셀링과 크로스셀링 전략은 엄연히 다르다. 그리고 어디에 언제 쓰느냐에 따라 효과가 달라진다.

1. 업셀링: 상위 버전 권하기(수직 이동)

업셀링은 고객이 사려는 상품의 상위 호환 버전을 제안하는 것이다. 이코노미석을 예약한 사람에게 비즈니스석 업그레이드를 권하는 것과 같다.

예를 들어, 이런 식으로 적용하는 것이다.

- 기본 상품: 전자책 PDF(19,000원)
- 업셀링 제안: 전자책 + 저자 직강 VOD 3시간 + Q&A 이용

184

권(59,000원)

그렇다면 실제로 얼마나 업셀링을 선택할까? 이커머스 업계 데이터에 따르면, 업셀링 제안에 응하는 고객의 비율은 평균 10~30% 수준이다.

2. 크로스셀링: 필요한 짝꿍 권하기(수평 확장)

크로스셀링은 고객이 사려는 상품과 함께 쓰면 좋은 보완재를 제안하는 것이다. 패스트푸드점에서 햄버거를 주문하는 고객에게 콜라와 감자튀김을 권하는 것이 전형적인 예다.

- 기본 상품: 유튜브 수익화 강의(35만 원)
- 크로스셀링 제안: 콘텐츠 생산성 10배 높이는 AI 프롬프트 30종(3만 원)

기본 상품 강의만 듣고, 혼자 콘텐츠를 작업할 생각에 막막해하는 수강생이 많다. 바로 이 지점에서 크로스셀링 제안이 힘을 발휘한다.

간단하게 생각하자. 업셀링으로 객단가를 높이고, 크로스셀링으로 만족도를 높이는 것이다. 그렇다면 제안은 결제 전에 하는 게 좋을까, 결제 후가 좋을까? 자신의 상품을 놓고 직접 그림을 그려보는 게 가장 정확하다. 상품 성격이나 타깃의 유형별로 최적화 방식이 달라지기 때문이다. 예를 들어 결제 전에는 업셀링을 제안하고, 결제 후에는 육성 메일을 통해 크로스셀링을 제안할 수도 있다. 혹은 결제 직후에 OTO One-Time Offer(단 한 번의 제안)를 통해 업셀링하는 방법도 있다.

실패하지 않는 사다리 설계 3원칙

무턱대고 비싼 상품을 권하라는 게 아니다. 오히려 반감을 사서 환불 요청으로 이어질 수 있다. 다음의 3가지 원칙을 지키도록 하자.

1. 정보보다 '속도와 편의성'을 팔아라

이게 핵심이다. 사람들은 더 많은 정보를 원하지 않는다. 이미 기본 상품(SLO)에서 정보는 충분히 줬다. 업셀링 상품은 그 결과를 더 빨리, 더 쉽게 이룰 수 있게 도와줘야 한다.

- 기본: 다이어트 식단표(정보)
- 업셀링: 4주 치 다이어트 도시락 배송(편의성 - 직접 요리할 필요 없음)

- 기본: 블로그 글쓰기 강의(정보)
- 업셀링: 1:1 글쓰기 첨삭 코칭(속도 - 혼자 고민할 시간 단축)

고객은 정보에는 인색하지만, 내 시간을 아껴주는 것에는 기꺼이 큰돈을 쓴다.

2. 흐름이 논리적이어야 한다

뜬금없는 상품을 제안하는 것은 독이다. 영어 회화책을 산 사람에게 갑자기 코딩 강의를 권하면 안 된다. "영어 회화책을 샀으니, 이제 원어민과 대화해 보면 좋겠죠?"라며 화상 영어 수강권을 권해야 한다. 고객의 머릿속에 '이걸 샀으니, 다음엔 이게 필요하겠네?'라는 흐름이 자연스럽게 이어져야 한다.

3. 지금이 아니면 안 되는 제안이어야 한다

"이 페이지를 닫으면 이 가격은 영원히 사라집니다"라는 문구는 진부해 보이지만, 여전히 강력하다. 업셀링 페이지는 쇼핑몰처럼 언제든 다시 들어올 수 있는 곳이 아니어야 한다. 결제 직후 한 번만 보여주는 파격적인 혜택일 때, 고객은 이 기회는 놓치면 손해라고 느껴 결제 버튼을 누르기 때문이다.

[실전 예시] 업셀링 페이지(OTO) 글쓰기 구조

업셀링 페이지는 길게 쓸 필요가 없다. 이미 고객은 당신을 신뢰하고 결제까지 마친 상태다. 구구절절한 설득보다는 이걸 추가하면 무엇이 더 좋아지는지만 짧고 굵게 보여주면 된다. 다음은 실제로 내가 사용하는 7단계 스크립트 구조다.

① **멈춤 신호**

페이지가 열리자마자 고객의 시선을 다시 붙잡아야 한다.

- '잠시만요! 주문이 아직 완료되지 않았습니다.'
- '축하합니다! 하지만 딱 하나가 빠졌네요.'

② **구매 인정 및 칭찬**

방금 한 선택이 옳았음을 확인시켜 준다.

- '탁월한 선택입니다. [기본 상품]만으로도 충분히 성과를 낼 수 있습니다.'

③ **새로운 문제 제기(후킹)**

기본 상품의 한계를 살짝 꼬집는다. 상품이 부족해서가 아니라, 혼자 실행하기에 어려움이 있다는 걸 짚어준다.

- '다만 혼자서 이 노하우를 다 실행하려면 최소 3개월은 걸릴 겁니다. 시행착오도 피하기 어렵겠죠.'

④ **해결책 제시(솔루션)**

그 어려움을 한 방에 해결해 줄 지름길(업셀링 상품)을 소개한다.

- '만약 제가 옆에서 1:1로 상세히 피드백을 해드린다면 어떨까요? 3개월 걸릴 과정을 3주로 단축해 드리겠습니다.'

⑤ **거부할 수 없는 제안(오퍼)**

상품 구성과 함께 파격적인 가격을 보여준다.

- '원래 1회 코칭비는 20만 원이지만, 지금 이 페이지에서만 5만 원에 제공해 드리겠습니다.'

⑥ **희소성 강조**

지금 안 사면 안 된다는 이유를 못 박는다.

- '이 페이지를 닫으시면, 다시는 이 가격을 보실 수 없습니다. 현재 홈페이지에선 정가 판매 중이에요.'

⑦ **이중 선택 버튼(CTA)**

거절 버튼에도 심리적 장치를 심는다.

- [네, 5만 원에 코칭 받고 3개월 아끼겠습니다](수락)
- [아니요, 그냥 시행착오 겪으며 혼자 천천히 가겠습니다] (거절)

두려워하지 말고 제안하라

처음엔 나도 업셀링이 두려웠다.

'방금 돈 쓴 사람에게 또 돈을 쓰게 하면 욕하지 않을까?'

'너무 장사꾼처럼 보이지 않을까?'

하지만 그건 내 착각이었다. 업셀링 제안을 했을 때, 오히려 고객들은 감사함을 표했다. "혼자 하려니 막막했는데 코칭 상품이 있어서 다행이에요", "템플릿 덕분에 시간을 엄청 아꼈어요" 하고 말이다. 준비된 고객은 더 빠르고 확실한 결과를 원한다. 그들에게 더 비싸지만 확실한 해결책을 제안하지 않는 것은, 어쩌면 전문가로서의 직무 유기일지도 모른다.

이제 당신의 자판기에는 '고수익 버튼'이 달렸다. 1만 원짜리 미끼로 들어온 고객이 5만 원, 10만 원을 쓰고 나간다. 광고비를 제하고도 수익이 남기 시작한다. 그렇다면 이제 남은 건 하나다. 이 시스템에 더 많은 사람이 들어오게 하는 것이다. 광고비를 쓰지 않고도, 고객이 고객을 데려오는 구조가 마지막 퍼즐이 되어줄 것이다.

6

고객이 고객을 데려오는 전략적 바이럴

사업을 하면서 가장 힘 빠지는 순간은 세금을 낼 때가 아니라 각종 플랫폼들의 광고비를 확인할 때다. 광고를 돌리면 돈이 아이스크림 녹듯이 사라지는 기분이지만, 광고를 멈추면 매출이 꺾여 이러지도 저러지도 못하는 것이다.

아마 이러한 상황에 놓인 사람들이 많을 것이다. 하지만 진짜 고수들은 광고비에 의존하지 않는다. 그들의 시스템에는 고객이 고객을 데려오는 엔진, 즉 '바이럴'이 달려 있기 때문이다.

예전에는 바이럴이 대기업이나 인플루언서의 전유물이라고 생각했다. 하지만 퍼널을 공부하며 알게 된 사실은 달랐다. 바이럴은 운이 아니라 '설계된 기술'이었다. 이 챕터에서는 고객이 자발적으로 열정적인 영업사원이 되도록 만드는 방법을 소개한다.

사람들이 공유하는 이유

사람들은 당신의 상품이 좋아서 공유하는 게 아니다. 자기 자신을 위해 공유한다. 마케팅 분야의 필독서로 꼽히는 《컨테이저스 전략적 입소문》에서는 입소문이 퍼지는 6가지 원리를 제시한다. 그중 내가 직접 적용해 보고 가장 효과가 좋았던 3가지는 다음과 같다.

1. 공유하는 사람이 더 돋보이기 때문에

사람들은 남들보다 똑똑해 보이고, 센스 있어 보이고 싶어 한다. 아무도 모르는 숨겨진 맛집을 발견했을 때, 친구에게 자랑하듯 말하는 심리와 같다. 상품을 공유하는 것이 그들의 평판을 높여준다면, 굳이 부탁하지 않아도 기꺼이 공유한다.

2. 상대에게 도움이 되기 때문에

사람들은 할인 쿠폰이나 실용적인 팁을 공유할 때 만족감을 느낀다. 공유하는 행위 자체가 상대방에게 선물이 될 때, 바이럴은 일어난다.

3. 감정을 자극하기 때문에

감정이 빠진 정보는 공유되지 않는다. 하지만 가슴 뭉클한 이야기나 피가 거꾸로 솟는 분노, 배꼽 잡는 유머는 퍼진다. 그래서 스토리텔링이 강력한 힘을 발휘한다.

자동 바이럴을 만드는 3가지 조건

이제 이 3가지 원리를 시스템에 심을 차례다. "좋으면 친구한테 소개해 주세요"라는 말로는 부족하다. 고객이 움직일 수밖에 없는 '확실한 명분'과 '쉬운 경로'가 필요하다. 그러기 위해선 다음 3가지 요소가 필요하다.

1. 양쪽 모두에게 이득이 있어야 한다

파일 공유 서비스인 드롭박스Dropbox가 광고 없이 전 세계로 빠르게 확산된 비결은 단순했다.

"친구를 초대하면 너도 500MB, 친구도 500MB 무료 용량을 줄게."

많은 사람이 "추천해 주시면 스타벅스 쿠폰 드릴게요" 같은 방식을 쓰지만, 별로 효과가 없다. 추천하는 사람 입장에서 고작 커피 한 잔 때문에 친구를 이용하는 사람처럼 보이기 싫기 때문이다. 따라서 전략을 바꿔야 한다. "친구에게 50% 할인 쿠폰을 선물하세요. 친구가 구매하면, 당신에게도 적립금을 드립니다" 처럼 양쪽 모두에게 이득이 되는 전략을 구상해 보자. 그러면 추천하는 사람은 '할인 혜택을 나눠주는 좋은 사람'이 되고, 추천받는 사람도 기분이 좋다. 바이럴의 핵심은 추천하는 사람의 체면을 살려주는 것이다.

2. 번거롭지 않아야 한다

혜택이 좋아도 절차가 복잡하면 행동하지 않는다. 차라리 결제 완료 페이지에 큼지막하게 '카카오톡 공유하기' 버튼 하나만 남기는 게 낫다. 버튼을 누르면 이미 세팅된 메시지와 링크가 자동으로 뜨게 하고, 고객이 할 일은 '전송' 버튼을 누르는 것뿐이어야 한다. 복잡함과 번거로움을 하나씩 줄일 때마다 공유 횟수는 늘어난다.

3. 타이밍이 전부다

그렇다면 언제 공유해달라고 요청해야 할까? 가장 좋은 타이밍은 고객의 기분이 최고조에 달했을 때다. 고객이 가장 기분 좋은 순간에 툭 던지는 제안은 거절하기 힘들다.

- 결제 직후: '현명한 소비를 하셨네요! 이 즐거움을 친구와 나누세요.'
- 강의 완주 직후: '끝까지 완주하셨군요! 이 성취를 공유하세요.'
- 성과 달성 직후: '살이 5kg이나 빠졌다고요? 그 비결을 공유하세요.'

리뷰도 강력한 바이럴이다

친구 추천이 부담스럽다면, 리뷰(후기) 바이럴부터 시작해 보자. 잘 쓰인 리뷰 하나는 10명의 영업사원보다 낫다. 하지만 "후기 좀 써주세요"라고 사정해도 사람들은 잘 쓰지 않는다. 귀찮은 데다가 뭘 써야 할지 모르기 때문이다. 그래서 고객에게 백지를 주지 말고, 가이드라인을 줘야 한다. 질문에 답만 하면 멋진 후기가 완성되도록 판을 깔아주는 것이다.

[리뷰 유도 템플릿]

'OO 님, 상품은 마음에 드셨나요? 딱 1분만 시간 내서 아래 3가지 질문에 답해 주시면, 감사의 의미로 시크릿 보너스 자료를 즉시 보내드릴게요!
1. 이 상품을 만나기 전, 가장 큰 고민은 무엇이었나요?
2. 상품을 통해 어떤 구체적인 변화가 있었나요?
3. 어떤 분들에게 이 상품을 추천하고 싶나요?'

이렇게 요청하면, 후기의 퀄리티가 달라진다. "좋아요", "배송이 빨라요" 같은 형식적인 리뷰는 사라지고, 다른 잠재 고객의 마음을 흔드는 '스토리텔링형 리뷰'가 쏟아진다. 이렇게 수집한 리뷰들을 랜딩페이지와 육성 시퀀스에 활용하면, 전환율을 높일 수 있다.

측정할 수 없으면 성장도 없다

이제 고객 한 명이 평균적으로 몇 명의 새로운 고객을 데려오는지 숫자를 측정해야 한다. 이 수치가 1을 넘으면, 광고를 돌리지 않아도 사업은 계속 성장한다. 하지만 1을 넘지 못하면, 언젠가는 성장이 멈추게 된다. 이 바이럴 수치를 높이려면 앞서 말한 인센티브를 조정하고, 공유 버튼을 간소화하고, 타이밍을 조절하면서 점차 최적화해가야 한다.

이제 우리는 1단계(MIFGE)부터 5단계(바이럴)까지, 24시간 작동하는 수익 자판기의 조립을 마쳤다. 다음 단계는 감에 의존하지 않고, 데이터로 이 시스템의 구멍을 찾아 메우는 일이다. 전환율 높은 자판기를 갖기 위한 마지막 관문이다.

돈이 새는 구멍을 막는 퍼널 점검

처음 이런 자판기를 완성하게 되면, 누구나 기대에 부푼다. 고객의 유입만 확보되면 수익이 자동으로 들어올 것이라 생각하기 때문이다. 하지만 생각보다 성과가 나오지 않을 수 있다. 그럴 땐 '상품이 별로인가? 상세페이지를 다시 써야 하나?' 하고 막막해진다.

문제는 정작 원인을 모른 채 엉뚱한 곳만 계속 수정한다는 데 있다. 상세페이지를 10번 넘게 고쳐봐도 소용없다. 그런데 나중에 알고 보니 문제는 상세페이지가 아니라, 광고 소재였다면? 애초에 유입 자체가 없으니, 설득력 있는 상세페이지를 만들어도 소용 없는 것이다. 그사이 쓴 시간과 비용은 누구도 보상해 주지 않는다.

경영학의 아버지 피터 드러커는 이렇게 말했다. "측정할 수 없으면 관리할 수 없고, 관리할 수 없으면 개선할 수 없다." 온라인 비즈니스에서도 이 말은 그대로 적용된다. 많은 초보자가 열심히 시스템을 만들어 놓고도 실패하는 이유는 단 하나다. '감'에 의존하기 때문이다. "오늘따라 반응이 없네. 쉬는 날이라 그런가?"라며 넘기는 순간, 성장은 거기서 멈춘다.

고장 난 부위를 찾아내는 청진기

몸이 아프면 의사는 청진기로 기본 진찰을 한다. 환자의 몸 안에서 들리는 소리로 질병을 진단하기 위해서다. 우리의 시스템에도 이러한 청진기가 필요하다. 그 역할을 하는 것이 바로 '전환율'이다.

만약 100명이 들어와서 10명이 행동했다면 전환율은 10%다. 나는 전체 퍼널을 5단계로 나누고, 각 단계 사이의 연결 고리를 숫자로 확인한다. 숫자가 뚝 떨어지는 곳, 거기가 바로 돈이 새는 구멍이다.

다음 표는 내가 기준으로 삼는 '건강한 수익 자판기의 황금 비율'이다. 메타 광고의 평균치를 기준으로 만든 일종의 건강검진 표다. 사진을 찍어두고, 매주 혹은 매달 비교해 보자.

단계	핵심 지표	목표 전환율	체크 포인트
1. 유입	광고 클릭률	1.5% 이상	• 광고 이미지가 눈길을 끄는가? • 헤드라인이 타깃의 고통과 욕망을 건드리는가?
2. MIFGE	랜딩페이지 신청률	20~40%	• 광고 메시지와 랜딩페이지 메시지가 일치하는가? • 무료 선물이 매력적인가?
3. SLO	저가 상품 구매율	5~10%	• 가격 대비 10배 이상의 가치를 느낄 수 있는가? • 이전 단계(MIFGE)와의 연결이 자연스러운가?
4. 육성	이메일 오픈율	20% 이상	• 제목이 클릭을 유도하는가? • 본문 내 링크가 실제 행동으로 이어지는가?
5. 업셀링	메인 상품 구매율	10~20%	• SLO가 해결해 주지 못한 '더 크고 빠른' 해결책을 제시하는가?

물론 산업군(B2B vs B2C), 트래픽 소스(노출형 vs 검색형 광고)에 따라 수치의 편차가 있을 수 있다. 중요한 건 절대값이 아니라 비교 기준을 갖는 것이다.

예를 들어, MIFGE(무료 선물) 신청률이 5%라면 업셀링 상품을 고칠 게 아니라, 무료 선물 페이지의 헤드라인 카피부터 바꿔야 한다. 이 표 하나만 제대로 활용해도 불필요한 시행착오를 크게 줄일 수 있을 것이다.

단계별 최적화 포인트

목표 전환율보다 수치가 낮다면, 단계별로 해결해 보자.

1단계: 광고 클릭률이 낮을 때

증상: 광고비는 계속 나가는데 방문자가 거의 없다.

진단: 광고 소재가 스크롤을 멈추게 할 만큼 주의를 끌지 못했다.

처방: 이미지와 카피를 바꾼다.

- 지나치게 세련된 이미지는 사람들이 광고라고 인식해 필터링할 수 있다. 오히려 핸드폰 카메라로 찍은 듯한 투박한 이미지나 묘하게 망가진 이미지 혹은 정면을 응시하는 얼굴 사진이 고객의 시선을 붙잡는다.
- 기능을 어필하는 '최고의 상품입니다' 같은 문구를 버리고, '왜 당신만 이 쉬운 방법을 모를까요?'처럼 변화나 호기심을 자극하는 카피로 바꾼다.

2단계: 신청률이 낮을 때

증상: 페이지에는 들어오는데, 무료 선물조차 거들떠보지 않고 그냥 나간다.

진단: 혜택을 받기 위한 입력 항목이 많아서 번거롭고 부담된다.

처방: 입력 항목을 최소화한다.

- 이름, 전화번호, 이메일, 주소까지 받던 것을 이메일 하나만 받는 걸로 바꾼다.
- 버튼 문구도 '제출하기' 같은 딱딱한 말 대신 '지금 무료로 받아보기'처럼 혜택을 강조하는 형태로 바꾼다.

3단계: SLO 구매율이 낮을 때

증상: 무료 자료만 챙기고, 유료 결제 앞에서는 멈춘다.

진단: 효과에 대한 의심이 남아 있다.

처방: 구구절절한 상품 설명보다 압도적인 후기를 최상단에 배치한다.

- '이 가격에 이걸 준다고요?', '커피 두 잔 값으로 월세 벌었습니다' 같은 고객의 베스트 리뷰를 헤드라인 바로 밑에 둔다.
- '불만족 시 100% 환불'이라는 안전장치를 더한다.

4단계: 이메일 오픈율이 낮을 때

증상: 공들여 쓴 세일즈 레터가 휴지통이나 스팸함으로 직행한다.

진단: 제목에서 '팔려는 냄새'가 나서 광고나 스팸 같다.

처방: 친근한 느낌이 드는 제목으로 바꾼다.

- '[광고] 3일 차 뉴스레터입니다' 대신 '김철수 님, 어제 그 일은 해결되셨나요?'처럼 대화형 문장을 사용한다.
- 제목에 고객의 이름을 넣고, 개인적인 질문을 던진다.

5단계: 업셀링 구매율이 낮을 때

증상: 저가 상품은 사는데, 마진이 남는 메인 상품은 안 산다.

진단: 고객의 니즈가 높지 않거나, 왜 더 비싼 게 필요한지 와 닿지 않는다.

처방: 속도와 편의성을 판다.

- 저가 상품이 방법을 설명하는 것이었다면, 메인 상품은 '그 방법을 내가 대신 해줄게' 혹은 '1년 걸릴 걸 한 달로 줄여줄 게'라고 제안한다.
- '이 기회는 지금 페이지를 닫으면 사라집니다'라는 희소성을 더한다.

최적화의 핵심: A/B 테스트

"헤드카피를 A로 할까요, B로 할까요?"

이러한 추측은 틀릴 확률이 높다. 정답은 시장에 있다. 그래서 나는 항상 2가지 버전을 동시에 진행하는 'A/B 테스트'를 한다.

- A안: '90일 만에 고소득 채널 만드는 법'(이익 강조)
- B안: '지금 안 하면 평생 월급쟁이 못 면합니다'(손실 회피 강조)

이렇게 노출해 보면 승자가 나온다. 예컨대 B안의 클릭률이

2배나 높았다면, 미련 없이 A안을 버리고 B안을 선택하는 것이다. 이 과정을 반복하면, 우리의 자판기는 점점 더 예리해지고 강력해진다.

매주 월요일 30분 루틴

매주 월요일 오전에 30분을 투자해 지난주 데이터를 점검하라. 복잡하게 엑셀로 정리할 필요도 없다. 광고 관리자 페이지와 결제 사이트 통계만 쓱 훑어봐도 충분하다.

"어? 이번 주엔 유입 단가가 좀 올랐네? 배너 이미지를 바꿔 봐야겠다."

"어? 업셀링 전환율이 떨어졌네? 후기를 좀 더 보강해 볼까?"

이 짧은 점검 시간이 우리를 노동에서 해방시킨다. 시스템이 최적화되면, 나중엔 잘 돌아가는지만 확인해도 된다.

여기까지 왔다면, 필요한 설계는 모두 갖췄다. 남은 건 이 설계가 실제로 돈을 버는지 확인하는 일이다. 이제 실전에서 수익이 만들어지는 과정을 하나씩 살펴보자.

203

05

3개월 만에 초보를 고수로 끌어올리는 훈련법

1

실력을 10배 빠르게 성장시키는 2가지 법칙

나는 식장을 다니며 유튜브를 시작했다. 주제를 선정하고, 내용을 기획하고, 자료를 조사하고, 스크립트를 쓰고, 녹음하고, 편집했다. 아무것도 없는 상태에서 시작했기에 매일 새벽 3시까지 작업하며 일주일에 영상을 1개씩 올렸다. 하지만 공들여 만든 영상의 조회수는 50회 남짓에, 한 달이 지나도 구독자는 100명을 넘기지 못했다.

그런데 비슷한 시기에 같은 주제로 시작한 채널들은 상황이 달랐다. 조회수가 1,000회, 1만회, 심지어 10만 회를 넘겼고, 구독자도 빠르게 늘어났다. 솔직히 말하면 그 채널들의 영상이 특별해 보이지도 않았다. 그렇다면 대체 무엇이 달랐던 걸까?

처음엔 인정하기 싫어서 '저 사람은 운이 좋았던 거야'라고 합리화했다. 하지만 같은 주제의 채널 500개를 구독하고, 지켜보면서 깨달았다. 나는 내 방식대로 했고, 잘되는 사람들은 잘되는 방식대로 했다. 즉, 시도하는 방식이 달랐던 것이다. 나는 곧바로 잘되는 방식을 적용했고, 채널 개설 한 달 반 만에 구독자 1,000명을 넘겼다.

'1만 시간의 법칙'에 대한 오해

말콤 글래드웰Malcolm Gladwell의 《아웃라이어》에 등장해 유명해진 '1만 시간의 법칙'을 들어본 적 있을 것이다. 많은 사람이 이를 '꾸준히 오래 하면 전문가가 된다'라는 뜻으로 받아들인다. 나도 처음엔 그랬다. 그래서 무작정 공부했고, 무작정 시도했다. 100번 시도하면 뭐라도 되겠지 싶었다.

하지만 이 개념을 만든 심리학자 안데르스 에릭슨Anders Ericsson의 연구 결과는 조금 달랐다. 그는 체스 마스터들을 연구한 결과, 최고 수준에 도달한 선수들은 단순히 게임만 많이 한 게 아니라 매 경기를 복기하며 자신의 실수와 상대의 전략을 분석했다는 사실을 알아냈다. 그렇게 강한 상대의 전략을 역설계한 결과, 일반 선수들보다 3~5배 빠르게 성장했다.

핵심은 시간이 아니라 '의도적인 연습'의 질이었다. 나는 그동안 그저 반복만 하고 있었다. 편한 범위 안에서 피드백과 명확한 목표 없이 말이다. 반면 빠르게 성장하는 사람들은 불편한 영역에 도전했다. 즉각적인 피드백을 수용하여 적용했으며, 명확한 목표를 설정했다.

이 사실을 깨닫고, 나는 잘된 영상들을 다시 뜯어보기 시작했다. 썸네일은 어떤 구조인지, 제목은 어떤 패턴인지, 도입부 30초에 무슨 말을 하는지. 그럼에도 처음엔 막막했다. 영상을 봐도 정확히 무엇을 봐야 하는지조차 몰랐기 때문이다.

그래서 방법을 바꿨다. 잘된 영상을 발견하면 3가지만 체크해보기로 말이다. 이렇게 20개 정도의 영상을 분석하고 나니, 200개 정도를 막연히 보며 감으로만 느꼈을 때보다 훨씬 많은 게 보이기 시작했다. 잘된 영상들은 놀라울 정도로 비슷한 구조를 쓰고 있었다.

3단계 벤치마킹 방식

파블로 피카소는 이런 말을 했다. "훌륭한 예술가는 베끼고, 위대한 예술가는 훔친다" 여기서 '훔친다'는, 표절을 의미하지 않는다. 성공의 원리를 역설계하고, 그 본질을 흡수한 뒤 자신만의 것으로 재조립하는 것이다.

스탠퍼드대학교의 연구에 따르면, 학습의 초기 단계에서는 창의적 학습보다 모방 학습이 약 3배 빠른 성장을 보인다고 한다. 그러므로 처음부터 나만의 콘텐츠를 만들려고 애쓸 필요 없다.

이미 검증된 성공 패턴을 먼저 흡수하는 게 훨씬 효율적이다. 이 과정을 '벤치마킹'이라고 부른다.

아래는 내가 실제로 썼던 벤치마킹 방식이다.

1단계: 수집

나와 비슷한 업종과 주제에서 성과가 검증된 콘텐츠를 최소 20~30개 수집한다. 유튜브라면 조회수 10만~100만 이상 영상의 썸네일과 제목을 수집하는 것이다. 쿠팡이라면 베스트셀러 상품의 상세페이지, 인스타그램 광고라면 내가 끌린 광고 문구, 이메일이라면 열어보고 싶게 만드는 제목들이 해당된다.

다만 셀럽의 콘텐츠는 제외하자. 유명세와 권위로 잘된 케이스보다 브랜딩이 약한데도 성과를 낸 콘텐츠를 참고하는 것이 훨씬 효과적이다. 그리고 같은 타깃을 대상으로 한 콘텐츠를 보는 것이 중요하다. 타깃에 따라 고민의 깊이, 사용하는 언어, 자극받는 욕망이 다르기 때문이다. 30대 직장인을 타깃으로 한다면, 30대 직장인이 반응한 카피를 수집해야 한다.

2단계: 분석

수집한 콘텐츠들을 놓고 이런 질문을 던져보자.

'어떤 구조를 사용했는가?'

'어떤 단어를 자주 사용했는가?'

'어떤 감정을 자극했는가?'

'무엇을 약속했는가?'

이 과정을 거치면, 성공한 카피들이 사용하는 공식을 발견하게 된다. 예를 들어, 조회수 100만 이상의 유튜브 영상 제목들을 분석하면 이런 패턴이 보인다.

- "절대 ○○하지 마세요." → 금지와 호기심 자극
- "99%가 모르는 ○○" → 희소성과 우월감 자극
- "○○하면 3일 안에 ○○" → 빠르고 구체적인 결과 보장

이렇게 분석하면, 어떤 말에 사람들이 반응하는지를 감이 아니라 데이터로 이해하게 된다. 처음엔 막연했던 '왜 이 콘텐츠가 잘 됐을까?'라는 질문에 명확한 답이 생기기 시작한다. 패턴이 보이면 더 이상 운에 기대지 않아도 된다. 검증된 공식을 조합해서 당신만의 카피를 만들 수 있기 때문이다.

3단계: 흡수

이 단계가 가장 중요하다. 머리로만 이해하지 말고, 손으로 직접 베껴 써봐야 한다. 2024년, 노르웨이 과학기술대학교NTNU의 연구진은 대학생들을 대상으로 한 실험에서 흥미로운 사실을 발견했다. 손으로 글씨를 쓸 때 기억 형성과 관련된 뇌 영역(두정엽, 중앙 영역)의 연결성이 타이핑할 때보다 훨씬 높게 나타났다는 것이다. 특히 기억과 학습에 중요한 역할을 하는 알파파와 세타

파 활동이 손글씨로 쓸 때 더 크게 증가했다.

왜 이런 현상이 나타날까? 밴더빌트대학교의 빈치-부어Vinci-Booher 교수에 따르면, 손글씨는 운동 시스템과 시각 시스템을 동시에 자극한다고 한다. 글자를 쓸 때 손의 움직임이 다시 시각 시스템으로 피드백되면서 기억이 강화되는 것이다. 반면 타이핑은 어떤 키를 누르든 손가락의 움직임이 거의 동일하기 때문에, 그만큼 기억의 연결 고리도 약해진다. 이외에도 손으로 필기한 학생들이 타이핑한 학생들보다 정보를 더 오래 기억하고, 개념을 더 깊이 이해했다는 연구 결과가 여러 차례 발표되었다. 프린스턴대학교와 UCLA의 공동 연구에서도 비슷한 결과가 나왔다. 손글씨 필기는 단순 받아쓰기가 아닌 '요약과 재구성'을 유도하기 때문에 학습 효과가 높다는 것이다.

정리하면, 베껴 쓰기는 단순 노동이 아니다. 물리적으로 뇌에 성공 패턴을 각인시키는 훈련이다. 최소 10개씩은 손으로 직접 베껴 써보자. 그 과정을 반복하다 보면, 뇌에는 '성공 패턴'이 점점 쌓이게 된다. 이후 글을 쓸 때는 의식하지 않아도 그 패턴들이 자동으로 술술 나오게 될 것이다. 마치 피아니스트가 악보 없이도 자연스럽게 손가락이 움직이는 것처럼, 성공한 카피의 리듬과 구조가 손끝에 새겨지는 것이다.

단, 주의할 점이 있다. 기계적으로 옮겨 적지 말자. "왜 이 단어를 썼을까?", "왜 이 순서로 배치했을까?", "여기서 어떤 심리 버튼이 작동하는 걸까?"라고 질문하면서 써야 한다. 2단계에서 분석한 내용을 떠올리며 쓰면 효과가 배가된다.

벤치마킹 이후 반드시 거쳐야 할 디벨롭 단계

3단계 벤치마킹으로 패턴을 흡수했다면, 이제 한 단계 더 나아가야 한다. 바로 '디벨롭'이다. 구조를 분해해서 원리를 흡수했으니, 이제 자신의 상황에 맞게 재조립하여 더 나은 버전으로 창조하는 것이다.

내가 실제로 했던 방식을 공유해 보겠다.

1단계: 변수 바꾸기

가장 쉬운 방법이다. 검증된 패턴에서 업종, 타깃, 상품만 바꾸는 것이다. 예를 들어, 다이어트 업종에서 '30일 만에 -7kg, 굶지 않고 빼는 비법'이라는 카피가 성공했다고 해보자. 이 구조를 다른 업종에도 적용할 수 있다. 영어 분야라면 '90일 만에 토익 900점, 암기 없이 달성하는 비법', 재테크라면 '3년 만에 1억 모으기, 절약하지 않고 만드는 비법', 육아라면 '3일 만에 밤잠 성공, 울리지 않고 재우는 비법'처럼 표현은 달라도 구조는 같다.

'[기간] 만에 [결과], [고통 없이] 얻는 비법'

이 공식은 거의 모든 업종에 적용할 수 있다. 이미 수십만, 수

213

백만 명이 반응한 검증된 패턴이기 때문이다. 새로운 구조를 만들 것 없이, 검증된 이 구조를 내 분야에 맞게 단어만 바꾸면 된다.

2단계: 조합하기

이제 2~3개의 좋은 요소를 섞어서 새로운 버전을 만드는 단계다. 예를 들어, 2가지 성공 패턴을 발견했다고 하자. 패턴 A는 '왜 90%는 실패하는가?'라는 문제 제기형이고, 패턴 B는 '3일 안에 결과 보는 법'이라는 속도 강조형이다. 이 둘을 조합하면 '왜 90%는 감량에 실패할까? 7일 안에 무조건 3kg 빼는 비결'이 된다. 문제 제기로 호기심을 자극하고, 빠른 결과를 약속하면 훨씬 강력해진다.

조합의 핵심은 서로 다른 심리 버튼을 함께 누르는 것이다. 2장에서 다뤘던 심리 버튼 중 2~3개를 전략적으로 배치하면, 하나만 사용할 때보다 설득력이 한층 강화된다.

3단계: 최적화하기

데이터 기반으로 개선하는 단계다. A/B 테스트를 통해 어느 버전이 더 효과적인지 검증하고, 계속 개선해 나간다. 예를 들어, 광고 헤드라인을 두 버전으로 테스트해 보자. A는 '30일 만에 -7kg 감량 성공'이고, B는 '30일 만에 -7kg, 요요 0% 보장'이다. 일주일간 테스트한 결과를 보니, B의 클릭률이 1.4배 높게 나왔다.

그렇다면 왜 B의 클릭률이 더 높은지 이유도 분석한다. ‘요요 0% 보장’이라는 추가 안전장치가 호기심을 자극하고 신뢰를 높였기 때문이다. 이렇게 분석됐다면, A는 내려놓고 B를 쓰면 된다.

다만 최적화에는 끝이 없다. 같은 구조라도 단어 하나, 숫자 하나 때문에 결과가 크게 달라진다. 그래서 메타 광고 라이브러리를 보면, 광고주들은 같은 상품을 10가지 이상 버전으로 동시에 테스트한다. ‘3일’, ‘7일’, ‘14일’ 중 무엇이 더 반응이 좋은지, ‘비법’, ‘비결’, ‘공식’ 중 어떤 단어가 더 클릭을 유도하는지 모두 데이터로 검증하는 것이다.

완벽한 카피는 처음부터 나오지 않는다. 계속 테스트하고 개선하면서 만들어진다. 중요한 것은 ‘벤치마킹’과 ‘디벨롭’이라는 2가지 단계를 의식적으로 훈련하면 실력이 비약적으로 상승한다는 점이다.

먼저 검증된 패턴의 원리를 흡수하자. 그다음 자신의 시장에 맞게 변형하고 재조립하자. 그리고 마지막으로 데이터를 통해 최적화하자. 이것이 가장 빠르고 확실한 성장 비결이다.

215

2

초급 성공 패턴을 몸에 새기는 4가지 훈련

많은 사람이 세일즈 글쓰기를 시작할 때 처음부터 잘 쓰려고 애쓴다. 그러나 초급 단계에서는 팔리는 글에 대한 기준이 잘 잡혀있지 않아서, 고객 중심이 아닌 자기중심의 글쓰기로 흐르기 쉽다. 시장에 대한 이해도 부족하므로 잘 쓰려고 애쓸수록 오히려 길을 잃는다.

그래서 초급 단계에서 해야 할 일은 단 하나다. '입력'을 통해 설득력 있는 문장의 리듬과 뉘앙스를 몸에 새기는 것이다. 다시 말해 성공한 문장들을 보고, 말하고, 손으로 써서 뇌 신경망에 '설득의 회로'를 설치하는 과정이 초급 단계의 전부다.

세계적인 창작자들 역시 처음엔 모두 모방으로 시작했다. 피카소는 수백 넌 전 거장들의 그림을 복사하듯 그리며 형태와 구도를 배웠다. 모차르트는 당시 유명 작곡가들의 악보를 통째로

암기하고 필사하며 작곡의 원리를 익혔다. 윌리엄 셰익스피어의
《로미오와 줄리엣》,《햄릿》 역시 기존 스토리 구조를 차용했다.

마케팅 업계도 다르지 않다. 간다 마사노리는 "초기에는 철저
히 모방하라. 창조는 그다음 단계다"라고 말했고, 러셀 브런슨은
"가장 빠른 성장법은 이미 잘되는 것을 그대로 모델링하는 것"
이라고 강조한다. 알렉스 홀모지 역시 "초보는 창의성을 내려놓
고, 이미 반응이 좋은 것을 더 크게, 더 오래 밀어붙여라"라고 조
언한다.

즉, 초급 단계의 과제는 '잘된 글의 DNA'를 흡수하는 일이다.
이를 위해 주 5일, 하루 60분 기준의 30일 프로그램을 설계했다.

1. 성공 카피 수집(스와이프 파일 만들기)

스와이프 파일은 말 그대로 '돈 벌어주는 카피를 모아둔 보물
창고'다. 간다 마사노리와 러셀 브런슨을 비롯한 대부분의 카피
라이터가 스와이프 파일 만드는 것의 중요성을 강조한다. 입력
이 없으면, 출력도 없다. 훌륭한 요리사가 신선한 재료를 모으듯,
우리는 사람의 마음을 움직인 문장을 모아야 한다.

좋은 글에는 항상 패턴이 있다. 물론 분야마다 문장의 표현이
다를 순 있겠지만, 사람의 심리가 움직이는 방식은 항상 비슷하
다. 따라서 초보자의 첫 단계는 전환율이 검증된 문장들을 꾸준
히 모으는 것이다.

217

수집 대상은 다음과 같다.

- 스크롤을 멈추게 한 SNS 광고 문구
- 클릭을 부르는 제목(유튜브 썸네일, 뉴스레터 제목 등)
- 끝까지 읽어 내려간 상세페이지의 도입부
- 결제를 고민하게 만든 구매 버튼 문구

중요한 건 내가 좋아한 문장이 아니라, 실제로 사람을 움직인 문장이어야 한다는 것이다.

실행 방법

- 하루 5개씩 캡처하거나 복사하여 저장한다.
- 왜 내 눈길을 끌었는지 한 줄 메모를 남긴다.
- 더 체계적으로 정리하려면, 엑셀이나 노션에 스프레드시트를 만들어서 다음 항목을 채운다.

번호 | 플랫폼 | 카테고리 | 원문 | 심리 버튼 | 메모 | 링크

- 예시 1: 유튜브 | 재테크 | '월급 250만 원으로 3년 만에 1억 모은 비결' | 대비효과, 구체적 숫자 | Before/After 명확
- 예시 2: 쿠팡 | 건강식품 | '의사들이 자기 가족에게만 먹이는 영양제' | 권위, 희소성 | 전문가 + 독점 정보
- 예시 3: 인스타그램 | 다이어트 | '10kg 빠졌는데 요요 안 온

사용된 후킹 유형과 심리 버튼이 헷갈린다면, 처음부터 완벽히 분석하려 하지 말자. 일단 모으는 것에 집중하며, 왜 끌렸는지만 적어도 충분하다. 매일 30분, 출퇴근 시간이나 점심시간에 스마트폰으로도 충분하다. 30일이 지나면 최소 150개, 많으면 300개 이상의 자산이 쌓일 것이다.

이 스와이프 파일은 이후 모든 단계에서 강력한 무기가 된다. 초보일 때는 아무리 봐도 잘 보이지 않을 수 있다. 하지만 실력이 쌓여 중급 단계가 되면 패턴이 보이면서 바로 적용할 수 있게 될 것이다.

2. 낭독을 통한 문장 감각 익히기

두 번째 훈련은 소리 내어 읽는 것, 즉 낭독이다. 많은 사람이 글쓰기와 낭독이 무슨 관련이 있나 싶어 대수롭지 않게 여긴다. 그러나 잘 팔리는 글에는 특유의 리듬과 톤, 흐름이 있다. 낭독은 강조할 곳, 감정을 전달하는 부분, 잠깐 쉬어가야 할 타이밍 같은 보이지 않는 요소를 체화하는 가장 빠른 방법이다.

낭독 교재를 고르는 기준은 단순하다.

- 이미지 없이 텍스트로만 승부해서 큰 매출을 낸 세일즈 레터
- 현재 시장에서 반응이 검증된 상세페이지의 줄글 파트

활용하기 좋은 교재로, 간다 마사노리가 추천한 세일즈 레터 〈피아노 카피〉, 〈영어 실수〉, 〈두 명의 젊은이〉(《카피라이팅의 정석》에 수록)가 있다. 낭독은 국어책 읽듯 읽으면 안 된다. 이 글을 쓴 마케터가 되어 메시지와 감정을 고객에게 전달한다는 의식으로 읽어야 한다. 고객을 설득하고 반응을 끌어내겠다는 마음으로 읽을 때 마케터가 의도한 호흡, 리듬, 강약을 파악할 수 있다.

3. 손으로 베껴 쓰기

필사는 초급 단계에서 가장 강력한 훈련이다. 이때 타이핑이 아닌 손으로 베껴 쓰는 것이 중요하다. 그 과정에서 문장의 설계와 구조가 더 깊이 각인되기 때문이다.

세계적인 카피라이터인 게리 핼버트Gary Halbert는 성공한 세일즈 레터를 손으로 베껴 쓰는 훈련을 단 하나의 핵심 방법으로 강조했다. 그는 제자들에게 이 과정을 통해 구조, 리듬, 설득 기법을 무의식적으로 내면화할 수 있다며, 매일 30분 정도 꾸준히 연습할 것을 권했다. 실제로 많은 카피라이터들이 이를 실천해 성과를 봤으며, 핼버트 본인도 이 방법을 통해 실력을 키웠다. 그가 추천한 대표적인 세일즈 레터로는 〈가문 문장 레터Coat of Arms letter〉가 있다. 이 레터는 6,000만 통 이상 발송되어 20억 달러 이상 매출을 냈으며, 호기심 유발과 개인화 기법으로 유명하다. 또 다른 추천작으로는 〈1달러 지폐 레터Dollar Bill Letter〉가 있는데, 호기심과 희소성을 활용해 코스 판매에 성공한 사례다.

중요한 것은 의식적인 필사다. 한 문장을 쓸 때마다 스스로에게 끊임없이 질문해야 한다.

- 이 문장의 목적은 호기심 유발인가? 문제 제기인가? 해결책 제시인가?
- 왜 '좋은'이라고 안 쓰고 '압도적인'이라고 썼을까?
- 왜 여기서 두려운 감정을 자극했을까?
- 이 글은 누구에게, 무엇을, 왜 팔고 있는가?

이때 너무 많은 레터보다는 검증된 소수의 레터를 깊게 반복하는 것이 훨씬 효과적이다. 최소 30일만 같은 방식을 유지해도, 리듬과 문장 감각이 눈에 띄게 달라질 것이다.

4. 헤드라인과 후킹 문장 훈련

초급 단계의 마지막 훈련은 후킹 문장을 써보는 것이다. 후킹은 '감각 훈련'과 가장 직접적으로 연결된 영역이어서, 고객의 스크롤을 0.5초 안에 멈추게 하는 기술이다. 즉, 문장 하나로 사람을 붙잡을 수 있어야 한다.

먼저 스와이프 파일에 모아둔 스크롤을 멈추게 한 헤드라인, 썸네일 문구, 이메일 제목 등을 꺼내 오자. 그리고 다음과 같이 훈련하면 된다.

1) 원문: '3개월 만에(기간) 영어 회화(분야) 마스터하는 법(결과)'
2) 구조 분석: [기간] + [분야] + [강력한 결과]
3) 치환(내 카테고리에 적용)
- 다이어트: '4주 만에(기간) 뱃살(분야) 실종되는 식단(결과)'
- 마케팅: '하루 10분 투자로(기간/노력) 인스타그램 팔로워(분야) 1,000명 모으는 법(결과)'

이 훈련을 반복하면 후킹의 뼈대(패턴)를 감각적으로 이해하게 된다. 단, 이미 브랜드 파워가 강한 경우는 제외하자. 인지도 없이도 통하는 문장을 익혀야 하기 때문이다.

초급 탈출 30일 로드맵

한 번에 모든 기술을 익히려 하면, 대부분 3일 안에 포기한다. 의지가 약해서가 아니라, 뇌의 구조와 맞지 않게 행동했기 때문이다. 그래서 필요한 것이 '청크화Chunking' 즉 정보를 덩어리로 쪼개는 훈련이다. 뇌는 작은 단위로 정보를 익히고, 그 덩어리들을 이어 붙여 큰 기술을 완성하는 방식으로 확장해간다. 그래서 초급 단계의 30일 훈련(주 5일, 60분 루틴)도 이 원리를 적용하는 것이 가장 효과적이다. 한 번에 다 하려 하지 말고, 주 차별 목표에 집중하자.

1주 차: 감각 깨우기

- [수집 30분] 스와이프 파일 5개 저장
- [낭독 30분] 성공한 세일즈 레터를 감정 실어 읽기

2주 차: 구조 인식

- [낭독 15분] 웜업Warm-up
- [필사 45분] 손으로 베끼며 문장의 '기능(역할)' 적어보기

3주 차: 패턴 습득

- [필사 30분] 상세페이지 도입부 집중 필사
- [후킹 30분] 헤드라인 3개 분석하고, 내 버전으로 3개 바꾸기

4주 차: 속도전&통합

- [통합 40분] 수집, 낭독, 필사 압축 진행
- [테스트 20분] 타이머 켜고 10분 안에 후킹 문장 10개 뽑기

이렇게 훈련하면, 30일 후에는 어떤 문장이 시선을 멈추게 하는지 감이 생긴다. 필사한 구조가 내 문장에도 자연스럽게 스며들고, 후킹 문장을 한 번에 10개씩 빠르게 만들 수 있게 된다. 전환되는 문장의 패턴과 리듬이 몸에 새겨진 것이다.

이때가 바로 중급 단계로 레벨업할 시점이다. 만약 초급 단계에서 감각 입력(낭독·필사)으로 기본 패턴을 무의식화하지 않으면, 중급으로 넘어가 구조 분석 및 응용을 하기가 어렵다. 과부하 없이 실력이 쌓이도록 설계한 훈련이니 꾸준히 기본기를 쌓도록 하자.

초급 탈출 체크리스트

중급 단계로 넘어가기 전에 아래 항목들을 체크해 보자.

□ 스와이프 파일: 최소 100개 이상의 레퍼런스가 저장되어 있는가?

□ 후킹 속도: 내 판매 제품 카테고리의 주제에 대해 10분 안에 10개의 헤드라인을 막힘없이 써낼 수 있는가?

□ 감각 체화: 잘 팔리는 글을 볼 때, "아, 이 구조 썼네?"라고 본능적으로 파악되는가?

3

중급 Lv.1 억대 매출의 DNA를 읽어내는 분석 훈련

초급 단계는 잘된 문장을 보고, 말하고, 쓰면서 좋은 글이 무엇인지 감각을 익히는 과정이었다. 중급 단계는 왜 이 문장과 이 배치가 효과적인지 구조적으로 분석하는 과정이다.

알렉스 홀모지는 "문장의 스타일보다 논리, 배치, 스토리 구조가 사람을 움직인다"라고 말한다. 같은 문장이라도 어떤 순서로 배치하느냐에 따라 전환은 완전히 달라진다.

그래서 중급 Lv.1 단계에서는 2가지에만 초점을 맞출 것이다.

① 카피 해부: 상세페이지 구조를 해부하는 훈련
② 퍼널 해킹: 세일즈 퍼널을 해킹하는 훈련

카피 해부가 '한 페이지의 설계도'를 읽는 훈련이라면, 퍼널 해킹은 '전체 여정의 설계도'를 읽는 훈련이다. 이 2가지를 통과하면, 어떤 글을 봐도 어떻게 전환되는지 흐름이 보이고, 그 구조를 내 글에 그대로 적용할 수 있다.

1. 상세페이지 구조를 해부하는 훈련

실제로 전환을 만들어내는 글은 치밀한 구조 위에서 완성된다. 그 구조를 꿰뚫어보는 눈을 기르는 가장 빠른 방법이 바로 '카피 해부 훈련'이다. 전환율 높은 상세페이지나 세일즈 레터는 결코 우연히 만들어지지 않는다. 고객의 심리를 정확한 순서로 이동시키는 설계도를 갖고 있기 때문이다. 간다 마사노리는 25년간 수천 개의 광고 문장을 실험 및 분석하며 '팔리는 언어' 패턴을 체계화했고, 그 패턴을 익혀 효율성이 극대화되었다고 한다.

우리도 같은 방식으로 접근하면 된다. 잘 팔리는 글을 쪼개고, 역할을 정의하고, 심리를 읽어내는 과정을 반복하면, 글을 '감으로 쓰는 사람'에서 '설계해서 쓰는 사람'으로 넘어가게 된다. 반복할수록 속도와 품질 또한 크게 향상될 것이다.

STEP 1 - 상세페이지 1개 선택하기

무작정 아무 페이지나 잡고 분석하면 시간만 낭비한다. 해부할 카피는 반드시 전환율이 증명된 글이어야 한다. 따라서 먼저 매출이 입증된 상세페이지를 찾아야 한다. 네이버 스마트스토어나 쿠팡 같은 온라인 쇼핑몰도 좋고, 인스타그램이나 유튜브 등 SNS 광고로 많이 노출되는 페이지도 좋다. 하지만 이런 곳들은 광고비를 많이 쓰는 사람에게도 상위 노출을 시켜주기 때문에, 노출이 많다고 반드시 잘 팔리는 글이라 판단하긴 어렵다.

그래서 나는 와디즈를 추천한다. 이곳은 펀딩을 통해 상품을 출시하는 곳이라 브랜딩이 강하지 않은 상태에서 고객을 설득해야 한다. 상세페이지만으로 호감과 신뢰를 쌓아서 구매를 이끄는 구조이기 때문에 공부하기에도 적합하다. 'BEST 펀딩'에 들어가 억대 매출을 기록한 곳들을 벤치마킹하자. 펀딩 금액이 공개되어 있어서 매출 검증도 비교적 명확하다.

두 번째로 추천하는 곳은 '메타 광고 라이브러리(www.facebook.com/ads/library)'다. 이곳에서는 페이스북과 인스타그램에서 현재 집행 중인 광고들을 볼 수 있다. 광고 카테고리에서 '모든 광고'를 선택한 후, '유튜브 수익화', 'AI 콘텐츠 제작', '주식 투자' 등 자신의 카테고리를 입력해 보자.

STEP 2 – 섹션별로 쪼개기

선택한 글을 섹션 단위로 쪼개서 분석한다. 가장 기본적인 구조는 다음과 같다.

1. 후킹(헤드라인)

2. 문제 제기

3. 공감

4. 솔루션

5. 증거(후기·데이터)

6. 오퍼

7. 반론 처리(FAQ 포함)

8. 긴급성

9. CTA

90%의 상세페이지가 이 구조 안에서 변형된다. 이제 섹션을 하나씩 따로 떼어놓고 역할과 심리를 분석한다.

STEP 3 – 섹션별 역할 및 심리 분석하기

아래 예시처럼, 섹션별로 역할과 심리를 분석하여 기록하자.

1. 후킹(헤드라인)

- 사용된 문장: '당신이 밤새워 쓴 글이 반응 없는 이유는 [이 것] 때문입니다.'
- 역할: 첫 줄에서 즉시 주의를 끌어 스크롤을 멈추게 한다.
- 심리 효과: 독자의 호기심과 불안을 동시에 자극해 '이걸 확 인하지 않으면 안 될 것 같다'는 본능적 반응을 끌어낸다.

2. 문제 제기

- 사용된 문장: '많은 사람이 매일 열심히 글을 쓰는데도 매출이 거의 늘어나지 않습니다. 노력이 부족해서가 아니에요.'
- 역할: 고객의 현재 상태를 명확히 규정하며, 당면한 문제를 짚는다.
- 심리 효과: 독자가 자신의 상황을 정확히 간파당했다고 느끼며, 문제를 스스로 인식하도록 만든다.

3. 공감

- 사용된 문장: '저 역시 같은 문제로 3년을 헤맸습니다. 어떤 날은 새벽 4시까지 글을 쓰다가 지쳐서 울기도 했어요.'
- 역할: 고객과 감정적으로 연결해 방어심을 낮춘다. 솔루션을 받아들일 감정 상태를 만든다.
- 심리 효과: '이 사람은 나와 같은 과정을 겪었구나'라는 동질감을 형성해 정서적 거리를 좁힌다.

4. 솔루션

- 사용된 문장: '문제는 문장이 아니라, 글의 구조였습니다.'
- 역할: 문제 해결의 방향을 명확히 보여준다. USP와 차별점을 명확히 드러낸다.
- 심리 효과: '이제 해결책이 보이네'와 같은 긍정적 기대감을 만든다.

5. 증거(후기·데이터)

- 사용된 문장: '이 구조를 적용한 뒤 전환율이 3배 상승했습니다.'
- 역할: 데이터와 사례로 효과를 입증해서 구매 직전의 의심을 낮춘다.
- 심리 효과: 타인의 성공 사례를 통해 의심을 낮추고, '남들도 성공했으니 나도 될 거야'라는 확신을 준다.

6. 오퍼

- 사용된 문장: '이 훈련은 총 4단계로 구성되어 있고, 각 단계는 실제 결과물을 만드는 데 초점을 둡니다', '정가 300만 원 → 오늘만 97만 원 + 무료 컨설팅 3회 + 템플릿 50개'
- 역할: 제공 방식과 범위를 명확히 제시하고, 가격을 전체 가치의 맥락에 배치한다. 가격과 보너스를 패키지로 함께 제시해서 가치를 더한다.
- 심리 효과: 앵커링으로 가격의 기준을 먼저 만든 뒤, 그에 비해 과도하게 커 보이는 가치를 인식하게 하며, "이 가격이면 안 사는 게 손해네?"라는 감정을 불러온다.

7. 반론 처리(FAQ 포함)

- 사용된 문장: '글 잘 못 써도 괜찮을까요?' → '글을 처음 써보는 사람도 충분히 할 수 있습니다', '다른 강의 들어봤는데도

효과가 없었습니다. 저한테도 효과가 있을까요?' → '효과 없으면, 90일 안에 무조건 환불해드립니다'

- 역할: 구매 직전에 발생하는 저항을 제거한다. 고객이 꺼낼 반론을 선제 대응한다.
- 심리 효과: 불안과 리스크를 제거해, 결정을 망설일 이유를 없앤다.

8. 긴급성

- 사용된 문장: '이번 기수 모집은 이번 주까지만 진행됩니다', '다음 오픈은 미정입니다', '선착순 30명만 받으며, 오늘 자정 이후 가격이 50만 원 인상됩니다'
- 역할: 결정을 미루지 못하게 만든다. '나중에'를 '지금'으로 바꾼다.
- 심리 효과: 지금 안 사면 기회를 놓친다는 FOMO를 자극한다.

9. CTA

- 사용된 문장: '지금 바로 신청하세요', '아래 버튼을 눌러 시작하세요'
- 역할: 다음 행동을 명확히 지시하여 행동의 마찰을 최소화한다.
- 심리 효과: 다음 행동이 단순하고 쉬워 보이게 만들어, 고민

없이 즉시 행동하도록 유도한다.

이렇게 섹션을 해부하며 각 섹션이 어떤 역할을 수행하고, 어떤 심리를 건드리고 있는지 자문하면 된다. 훈련을 마친 후, 전체 구조를 한번 바라보자. 하나의 목표를 위해 각 섹션을 어떤 순서로 배열했고, 심리 흐름에 따라 어떻게 전개했는지를 보면 된다.

이 훈련을 반복하면 왜 이 구조가 전환율을 높이는지 구조적으로 이해하게 된다. 더 나아가 고객의 구매 여정을 단계적으로 설계할 수 있게 될 것이다.

당장 내 상품에 적용해 보고 싶다면 중급 Lv.2 단계로 넘어가 바로 실행으로 옮겨보자.

2. 세일즈 퍼널을 해킹하는 훈련

이 단계에서 다루는 것은 글 하나가 아니라 전환을 만들어내는 전체 세일즈의 흐름이다. 광고, 랜딩페이지, 이메일, 결제 페이지는 각각 따로 존재하는 글이 아니다. 고객의 심리를 한 단계씩 이동시키는 하나의 여정이다.

실제로 전환이 잘 일어나는 퍼널은 고객이 던지는 질문에 순서대로 답하는 구조로 이루어져 있다. 광고는 기대를 만들고, 랜딩페이지는 기대를 증명하며, 이메일은 신뢰를 축적하고, 결제 페이지는 결단을 촉진하는 식으로 말이다. 이 흐름을 이해하기 시작하면, 비로소 글은 '전환 장치'가 된다.

STEP 1 - 추적할 퍼널 선정하기

훈련은 이미 잘 작동하는 세일즈 퍼널 하나를 고르는 것에서 시작한다. 광고를 실제로 집행하고 있고, 랜딩페이지에서 구매까지의 흐름이 명확하며, 소비자 입장에서 전 과정을 직접 체험할 수 있는 퍼널이면 충분하다.

문제는 퍼널 설계가 잘된 곳을 찾기가 쉽지 않다는 점이다. 메타 광고 라이브러리에서 찾거나 유튜브 광고 또는 인스타그램 피드 광고를 살펴보자.

STEP 2 - 퍼널 단계별 추적하기

모델링하고 싶은 퍼널을 찾았다면, 고객의 입장이 되어서 광고를 클릭한 순간부터 구매까지 전체 여정을 따라가 보자. 아래는 참고할 예시다.

1단계: 광고

- 후킹 문구: '부업 수익 월 300만 원? 퇴근 후 2시간이면 충분합니다.'
- 역할: 주의 환기, 클릭 유도
- 심리: 대비효과(수익, 시간), 구체적 숫자 제시
- CTA: '무료 가이드 받기'

233

2단계: 랜딩페이지

- 첫 화면 메시지: '부업에 도전하는 직장인의 90%는 3개월 내 포기합니다.'
- 역할: 문제 공감 유발, 스크롤 지속 유도
- 심리: 손실 회피, 통계 기반 신뢰 형성
- 리드마그넷: '부업 수익 로드맵 PDF 받기'

3단계: 육성 시퀀스(이메일·문자)

- 1통 제목: '환영합니다! 무료 자료 보내드립니다.'
- 역할: 관계 형성, 신뢰 구축
- 심리: 호감, 상호성
- 5통 제목: '지금 안 하면 후회할 특가'

4단계: 본 오퍼(메인 상품)

- 상품 제시: '3개월 코칭 프로그램 97만 원(정가 300만)'
- 역할: 가치 극대화, 구매 결정 촉진
- 심리: 앵커링(가격 대비), 탐욕 자극
- 보장: '30일 내 불만족 시 무조건 환불'

5단계: 결제페이지

- 추가 제안: '업셀링: VIP 템플릿 패키지(+ 20만 원)'
- 역할: LTV 극대화

- 심리: 일관성(이미 구매한 상태)
- CTA: '지금 결제하고 시작하세요.'

6단계: 재구매·바이럴

- 후속 메시지: '첫 성공 사례 공유 + 추천 보상'
- 역할: 충성도 강화, 신규 유입
- 심리: 사회적 증거, 상호성
- CTA: '친구 초대 시 무료 1개월'

이렇게 따라가다 보면 퍼널은 단순히 페이지의 묶음이 아니라 의도적으로 설계된 심리의 이동 경로라는 사실이 보이기 시작한다.

STEP 3 – 전환 포인트 분석하기

모든 퍼널에는 전환을 유도하는 지점과 이탈이 발생하는 지점이 존재한다. 각 단계에서 다음 단계로 넘어가게 만드는 핵심 요소를 파악해 보자.

1단계: 광고 → 랜딩페이지 전환

- 핵심 요소: 구체적 결과를 약속하는 후킹(예: '월 300만 원 부업, 2시간이면 충분')
- 역할: 호기심 자극으로 클릭 유발

- 심리: 대비효과(수익, 시간), 호기심 자극

2단계: 랜딩페이지 → 리드 확보

- 핵심 요소: SUPER 구조 + 즉시 리드마그넷(MIFGE)
- 역할: 문제 공감 후 가치 교환(이메일 입력)
- 심리: 상호성(무료 제공), 손실 회피(기회 놓침)

3단계: 리드 확보 → 육성 시퀀스 참여

- 핵심 요소: 환영 이메일 + 즉시 자료 발송
- 역할: 관계 형성, 오픈 유도
- 심리: 호감, 상호성(이미 받은 가치)

4단계: 육성 시퀀스 → 본 오퍼

- 핵심 요소: 성공 사례 + 실수 경고(3~4통째)
- 역할: 신뢰 쌓기, 구매 욕구 끌어올리기
- 심리: 사회적 증거(후기), 권위(전문성)

5단계: 본 오퍼 → 결제

- 핵심 요소: 앵커링 가격 + 보장(환불) + 희소성 타이머
- 역할: 반론 제거, 즉각적인 결정 촉진
- 심리: FOMO, 불확실성 회피

6단계: 결제 → 재구매·바이럴

- 핵심 요소: 업셀링 제안 + 추천 보상(무료 1개월)
- 역할: LTV 확대, 재유입되는 루프 생성
- 심리: 이미 투자한 선택을 유지하려는 일관성, 사회적 증거

이 과정을 반복하다 보면, 세일즈 퍼널의 각 전환 지점이 고객의 이탈을 막고자 설계된 흐름이라는 점이 또렷하게 보인다.

중급 Lv.1 탈출 30일 로드맵

"성공한 광고를 100개 분석하는 것이, 광고 1,000개를 직접 써 보는 것보다 10배 빠르게 실력을 끌어올린다."

세계적인 카피라이터인 게리 할버트Gary Halbert는 이렇게 조언하며, 성공한 광고와 세일즈 레터를 분석하라고 강조했다. 이를 통해 구조와 패턴을 체화하라는 것이다.

사람의 뇌는 '패턴 인식 기계'와도 같다. 뛰어난 카피라이터와 평범한 카피라이터의 차이는 재능이 아니라, 얼마나 많은 성공 패턴을 뇌에 저장했느냐에 있다. 프로 바둑기사가 수천 개의 기보를 외우듯, 프로 카피라이터는 전환을 만드는 구조를 수백 개 반복해서 익힌다.

그래서 중급 Lv.1 단계의 훈련은 '리버스 엔지니어링(역설계)'에 집중한다. 이미 검증된 고전환 상세페이지와 퍼널을 해부하

고, 그 구조를 내 것으로 만드는 것이다. 이때 한 번에 완벽한 카피를 쓰려고 욕심내지 말고, 매주 정해진 목표에 집중하는 게 좋다.

훈련 1~2주 차: 카피 해부에 집중하기

'팔리는 구조'를 눈으로 읽어내는 감각을 길러야 한다.

- [선택 15분] 와디즈나 메타 광고 라이브러리에서 억대 매출 상세페이지 1개 고르기
- [섹션화 20분] 9가지 CORE 구조로 쪼개기
- [분석 25분] 각 섹션에서 사용된 문장과 역할, 심리 효과를 적으며 분석하기

훈련 3~4주 차: 세일즈 퍼널의 흐름 읽기

개별 카피가 아닌 고객의 심리가 어떻게 이동하는지 읽는 눈을 기르는 것이 핵심이다.

- [추적 20분] 광고 → 랜딩 → 육성 → 이메일 → 결제 → 바이럴까지 전체 여정 기록
- [포인트 분석 40분] 각 단계 전환 요소와 심리 자극 분해

마지막 주말: 통합 점검

이 시기에는 실제 상품에 적용할 준비를 마치는 것을 목표로 한다.

- [복습 30분] 해부한 상세페이지 5개, 퍼널 3개 재분석
- [상세페이지 30분] 내 상품·서비스에 맞게 9개 섹션 구조로 목차 뼈대 작성
- [세일즈 퍼널 30분] 내 상품·서비스에 맞게 퍼널 흐름을 대략적으로 설계(제목만이라도)

이 과정을 30일간 반복하고 나면, 전환되는 카피의 구조와 퍼널의 설계도가 머릿속에 분명하게 자리잡게 된다. 이 상태를 갖춰야 다음 단계가 수월해진다. 만약 중급 Lv.1 단계에서 구조 분석을 건너뛰고, 중급 Lv.2로 넘어가 실전으로 들어가면 시간만 낭비할 가능성이 크다. 그러니 하루 60분씩 꾸준히 분석 근육을 키워두자.

중급 lv.1 탈출 체크리스트

다음의 항목들을 체크해 보자.

☐ 카피 해부: 상세페이지·세일즈 레터를 최소 7편 이상 분석했다.

☐ 섹션 분해: 각 페이지를 9개 섹션별로 문장, 역할, 심리 노트를 정리했다.(최소 7회)

☐ 퍼널 추적: 완성된 세일즈 퍼널을 최소 3개 이상 처음부터

끝까지 단계별로 추적했다.

☐ 전환 포인트: 추적한 퍼널마다 가장 중요하다고 판단한 전
환 포인트를 기록했다.

☐ 복습 횟수: 분석한 상세페이지와 퍼널을 최소 3회 이상 재
분석했다.

5개 모두 달성했다면, 다음 단계(중급 Lv.2)로 넘어갈 준비가 됐
다. 반복 수치가 곧 실력이다. 이제 분석한 구조를 실제 프로젝트
에 적용하는 단계로 진입해 보자.

이제는 아웃풋으로 전환할 차례다. 분석한 구조를 내 프로젝트에 복제하고 응용하여, 실제로 돈을 벌어주는 카피를 만드는 것이 목표다. 이 목표를 달성하기 위해, 우리는 실전 프로젝트를 2가지 진행할 것이다.

① 미션 1: 상세페이지 1편 완성(9개 섹션 포함)
② 미션 2: 육성 시퀀스 3~5건 완성(이메일·문자)

이 과정을 진행하고 나면, 실전에 바로 활용할 수 있는 2개의 세일즈 자산을 갖게 될 것이다.

미션 1: 상세페이지 1편 완성

잘 팔리는 상세페이지와 세일즈 레터에는 공통된 설계도가 있다. 중급 Lv.1에서 분석한 9개 섹션을 그대로 가져와, 내 상품에 맞게 내용을 바꿔보자.

STEP 1 – 뼈대 복제와 준비 작업

백지상태에서 잘 쓰려는 욕심을 내려놓자. 이번 작업은 창작이 아니라 복제와 치환으로 완성할 것이다.

1) 나의 상품·서비스 및 고객 정의

- 무엇을 파는가?(예: '초보자를 위한 30일 영상 편집 코칭')
- 누구에게 파는가?(예: '부업을 원하는 30대 직장인')
- 그들이 가장 막혀 있는 지점은 무엇인가?(예: '편집 툴은 알지만, 어떤 영상을 만들어야 돈이 되는지 모름')

2) 9개 섹션 뼈대 복제

중급 Lv.1에서 분석한 고전환 상세페이지의 9가지 섹션 목차를 그대로 가져온다.

1. 후킹(헤드라인)
2. 문제 제기
3. 공감

4. 솔루션

5. 증거(후기·데이터)

6. 오퍼

7. 반론 처리(FAQ 포함)

8. 긴급성

9. CTA

STEP 2 – 핵심 문장 치환하며 작성하기

이제 자신의 상품이나 서비스를 대입해 완성해 나가면 된다.

섹션 1: 후킹(헤드라인)

- Lv.1 분석 예시: '당신이 밤새워 쓴 글이 반응 없는 이유는 '이것' 때문입니다.'
- 핵심 문장 치환: [페인포인트 언급] + [비밀·예상 밖의 이유] 패턴을 활용한다. 고객이 절실히 알고 싶어 하는 궁극적인 결과를 약속하며 스크롤을 멈추게 해야 한다.
- 당신 버전 예시: '밤샘 편집에도 수익 0원? 당신이 놓친 '돈 버는 영상'의 비밀 구조'

섹션 2: 문제 제기

- Lv.1 분석 예시: '매일 1시간씩 글을 써도 매출이 늘지 않는다면, 문제는 노력이 아니라 구조입니다.'

- 핵심 문장 치환: [현상(노력)] + [페인포인트 짚기] + [문제의 원인] 패턴을 사용한다. 고객의 실패 원인을 노력 부족이 아닌, 방법론의 부재로 돌려야 한다.
- 당신 버전 예시: '당신의 문제는 편집 툴 실력이 부족해서가 아닙니다. 진짜 문제는 '팔리는 영상'의 논리 구조를 모르고, 오직 기술만 배우려 했다는 점입니다.'

섹션 3: 공감

- Lv.1 분석 예시: '저 역시 같은 문제로 6개월을 헤맸습니다. 그럼에도 매출이 늘지 않아 자존감이 바닥이었죠. 하지만 그때 우연히 억대 매출 상세페이지를 발견해 분석한 결과, 문제는 구조였다는 것을 알게 되었습니다.'
- 핵심 문장 치환: [과거의 고통·실수] + [현재 고객의 상황과 일치] + [진정한 문제 정의] 패턴으로 고객과의 거리를 좁힌다.
- 당신 버전 예시: '저도 3년 전엔 똑같았습니다. 주말 내내 편집했지만, 고객이 지갑을 여는 방법을 몰라서 헤맸죠. 그러던 중 편집으로 월 300씩 버는 지인을 만나 깨달았습니다. 중요한 건 '툴'이 아니라 돈 버는 '패턴'이었습니다.'

섹션 4: 솔루션

- Lv.1 분석 예시: '그리고 1년 동안 300개의 억대 매출 상세페

이지를 분석하여, 잘 팔리는 상세페이지의 '9개 섹션 패턴'을 발견했습니다.'

- 핵심 문장 치환: [USP 강조] + [차별점 제시] + [결과 중심의 이름] 패턴을 활용한다. 결과적으로 무엇이 다른지 명확한 이름으로 제시해야 한다.
- 당신 버전 예시: '저의 해답은 단순합니다. '편집 기술'이 아닌, 이미 검증된 '수익형 영상 템플릿 5종'을 통째로 복제하여 당신의 상품에 붙여 넣는 것입니다.'

섹션 5: 증거(후기·데이터)

- Lv.1 분석 예시: '이 패턴을 적용한 23명 중 19명이 3주 내에 첫 매출을 기록했습니다.(전환율 증가 평균 2.7배, 2025년 자체 조사)'
- 핵심 문장 치환: [평범한 고객] + [구체적인 숫자·결과] + [시각적 증거] 패턴을 강력하게 활용한다. 고객이 '나도 저 사람처럼 될 수 있겠다'라고 느끼게 하는 것이 핵심이다.
- 당신 버전 예시: '60대 주부님도, 야근하는 직장인도 이 '템플릿 복제' 방식을 적용한 뒤 3주 만에 첫 수익 70만 원을 달성했습니다.(실제 후기 첨부)'

섹션 6: 오퍼

- Lv.1 분석 예시: '9개 섹션 패턴 템플릿 + 실전 적용 가이드 +

50개 예시 모음집 + 1:1 피드백 1회 = 정가 49만 원 → 선착
순 30명 29만 원'

- 핵심 문장 치환: [정가 대비 할인가(앵커링)] + [추가 보너스]
  패턴을 사용해 가격보다 가치가 월등히 높도록 구성한다.
- 당신 버전 예시: '정가 150만 원 상당 → 지금 결제하면 49만
  원에 평생 수강 가능 + 자동 수익을 위한 영상 콘티 템플릿
  10종(보너스) 증정'

섹션 7: 반론 처리(FAQ 포함)

- Lv.1 분석 예시: Q. '제 상품은 특수한데, 이 템플릿이 통할까
  요?' → A. '9개 섹션은 모든 상품에 적용 가능한 심리 구조
  입니다. 강의든 제품이든 서비스든, 구조는 동일합니다.'
- 핵심 문장 치환: [예상 질문] + [강력한 보장] 패턴을 활용하
  여 고객의 마지막 저항(망설임, 의심)을 선제적으로 제거한다.
  환불 보장 등 리스크 제거 장치는 필수다.
- 당신 버전 예시: '템플릿 복제가 너무 쉬워서 오히려 의심스
  럽다고요? 괜찮습니다. 저희는 템플릿 적용 후 30일 내 수익
  이 없으면 100% 전액 환불을 보장합니다.'

섹션 8: 긴급성

- Lv.1 분석 예시: '이 가격 혜택은 오늘 밤 11시 59분에 완전
  히 마감됩니다. 다음 기수는 미정입니다.'

- 핵심 문장 치환: [시간 제한] 또는 [수량 제한]을 명확히 제시한다. 고객이 결정을 미루지 못하도록 압박한다.
- 당신 버전 예시: '이번 기수 수강생 모집은 딱 30명만 받습니다. 오늘 자정 이후에는 모든 보너스 템플릿(10종)이 마감되고 가격이 인상됩니다.'

섹션 9: CTA

- Lv.1 분석 예시: '더 이상 망설이지 마세요. [지금 바로 신청하고, 9개 섹션 템플릿 받기]'
- 핵심 문장 치환: [남은 희소성 강조] + [명확한 행동 지시] 패턴을 사용하고, 버튼 문구에 궁극적인 결과를 다시 한 번 담아 행동을 유도한다.
- 당신 버전 예시: '남은 자리는 단 5명! 당신의 월 100만 원 수익을 위해, [즉시 신청하고 수익형 템플릿 확보하기]'

이처럼 각 섹션의 역할과 핵심 문장 치환 기준을 먼저 정리한 뒤, 자신의 상품이나 서비스 내용을 채워 넣으면 된다.

STEP 3 – 자가 점검 체크리스트

9개 섹션을 모두 작성했다면, 다음의 체크리스트로 검토하자.

☐ 구조 복제: 각 섹션이 독립적이면서도 흐름이 자연스러

운가?

☐ 고객 중심: 각 섹션이 '내 상품'이 아닌 '고객의 문제와 고통'
으로 시작하는가?

☐ 문장 치환: 섹션별 역할에 맞춰 내 상품의 USP를 담은 문장
으로 적절히 치환되었는가?

☐ 신뢰 보강: 증거 섹션의 내용이 신뢰를 주는가?

☐ 감정의 호흡: 소리 내어 읽었을 때 호기심, 공감, 희망(욕망),
확신 등 고객의 심리가 단계별로 자연스럽게 이동하는가?

☐ 명확한 CTA: '다음 행동(결제 버튼 클릭)'이 명확하게 눈에
띄며 마찰이 최소화되었는가?

미션 2: 육성 시퀀스 3~5건 완성

육성 시퀀스는 리드를 확보한 후부터 본 오퍼를 제시하기 전까지, 신뢰를 쌓고 욕망을 서서히 키워나가는 메시지 흐름이다. 앞서 우리는 가치 전달에 초점을 둔 교육형 시퀀스와, 감정 몰입을 통해 신뢰를 쌓는 스토리형 시퀀스라는 2가지 전략을 살펴보았다. 이제 그 구조를 아는 단계를 지나 직접 써보는 단계로 넘어갈 차례다. 이미 전환이 검증된 육성 시퀀스를 해부하고, 그 패턴을 내 상품에 복제하는 실전 훈련을 시작해 보자.

1) 전략 선택: 교육형 시퀀스 vs 스토리형 시퀀스

먼저 당신의 상품 특성에 맞는 전략을 선택한다.

기준	교육형	스토리형
상품 가격	1~30만 원	30만 원 이상
개인 브랜딩	약함	강함
작성 시간	빠름	느림
차별화	보통	높음

이미 판매할 상품이 있다면 위 기준으로 선택하고, 없다면 2가지 모두 연습해도 좋다. 이번에는 스토리형 시퀀스를 기준으로 진행해 보겠다.

2) 분석 대상 찾기

벤치마킹할 육성 시퀀스를 찾는 방법은 크게 2가지다.

방법 1: 세일즈 레터를 직접 구독해서 수집하기

- 내 분야의 고가 상품을 파는 마케터 찾기
- 리드마그넷 신청 후 육성 이메일 전체 수집
- 최소 3~5통 이상 받으며 전체 흐름 파악

방법 2: 검증된 사례 참고하기

- 리드젠의 자동판매퍼널 체험하기
- 러셀 브런슨의 클릭퍼널스닷컴 육성 시퀀스
- AI로 검증된 육성 시퀀스 사례를 찾아 진행

시간을 아끼고 싶다면, 방법 2를 추천한다. 이미 매출을 증명한 시퀀스들이기 때문이다. 국내에는 공개 사례가 많지 않으므로, 해외의 시퀀스를 번역해서 테스트하는 게 효율적이다.

3) 최소 조건 확인

선택한 시퀀스가 다음 조건을 충족하는지 간단히 체크하자.

- 최소 3통 이상(5통 이상 권장)
- 명확한 스토리 흐름(실패 → 깨달음 → 전환)
- 매 통마다 다음 이메일에 대한 기대감 조성(클리프행어)
- 최종 오퍼로 연결되는 흐름

이 조건을 충족한다면, 분석을 시작해도 좋다.

STEP 2 – 레터별로 해부해 보기

Lv.1에서 상세페이지를 섹션별로 해부했던 것처럼, 이번엔 레터를 한 통씩 해부하며 육성 시퀀스를 다음과 같이 기록해 보자.

1) 사용된 핵심 문장(제목과 본문의 핵심)

2) 이 레터의 역할(관계 형성인지, 신뢰 구축인지, 긴급성인지 등)

3) 심리 효과(동질감 형성인지, 사회적 증거인지, 손실 회피 자극인지 등)

4) 클리프행어(다음 이메일에 대한 기대감을 어떻게 조성하는지)

예를 들면, 이렇게 적는 것이다.

1번 레터: 드라마틱 실패

1) 사용된 핵심 문장

• 제목: '통장 잔고 0원, 그날의 충격을 잊을 수가 없습니다.'

• 본문 핵심: '2023년 7월 15일, 사업이 망하고 파산 직전이었습니다. 부인은 임신 7개월이었죠.'

2) 역할: 관계 형성, 취약성 공유로 방어심 해제, 호기심 극대화

3) 심리 효과: 호기심, 동질감, 몰입되는 오프닝

4) 클리프행어: '어떻게 여기까지 망가졌는지, 내일 솔직하게 털어놓겠습니다. 많이 부끄럽지만, 당신이 저와 같은 실수를 안 하길 바라는 마음입니다.'

이런 방식으로 1번 레터부터 5번 레터까지 시퀀스를 차례대로 분석한다. 이후 구조를 정리하면 더 명확하게 보일 것이다.

5단계 스토리형 시퀀스 구조 + 클리프행어 패턴

- 1번 레터: 관계 형성(호기심, 동질감) + '내일 이유 공개'
- 2번 레터: 감정 연결(공감, 손실 회피) + '내일 깨달음 공개'
- 3번 레터: 신뢰 구축(사회적 증거, 권위) + '내일 규칙 소개'
- 4번 레터: 논리 보강(손실 회피, FOMO) + '내일 시스템 공개'
- 5번 레터: 전환 유도(긴급성) + CTA

STEP 3 – 내 버전으로 써보기

헤부가 끝났다면, 이제 실제로 써보자. 처음부터 5통을 한 번에 작성할 필요는 없다. 우선 한 통만 작성해 보자. 이후에 3통, 5통, 7통으로 늘려도 충분하다.

1번 레터 작성 가이드

① 드라마틱 오프닝
- 실패의 순간을 영화 장면처럼 묘사(날짜, 장소, 숫자 포함)

② 취약성 공개
- 솔직한 감정 공유('부끄럽지만', '창피하지만' 같은 표현도 좋음)

③ 고객 참여 질문
- 고객의 고통 투사 유도('혹시 이런 경험 있나요?'처럼 질문)

④ 클리프행어
- 다음 내용 예고('내일 OO를 공개합니다'로 기대감 만들기)

1번 레터 작성 예시: 드라마틱 실패

- 목적: 관계 형성, 오픈율 극대화
- 제목 예시: '통장 잔고 0원, 그날의 충격'
- 본문 구조

① 영화 같은 오프닝(드라마틱한 실패 순간)

'2023년 7월 15일, 통장 잔고를 확인한 순간 손이 떨렸습니다. 370원. 온라인 마케팅으로 인생 바꾸겠다던 저는 파산 직전까지 몰렸습니다.'

② 취약성 공개(방어심 해제)

'6개월간 하루 14시간씩 광고를 돌렸습니다. 투자금 850만 원. 매출 12만 원. 가족에게는 '곧 된다'라며 거짓말했고, 새벽마다 혼자 울었습니다.'

③ 감정 공유 질문(고객 참여)

'혹시 당신도 이런 적 있나요? '내가 뭘 잘못한 거지?' 밤새 검색하며 답 찾으려 했던 적 말이요.'

④ 클리프행어(다음 이메일 기대)

'어떻게 여기까지 망가졌는지, 내일 솔직하게 털어놓겠습니다. 부끄럽지만, 당신이 같은 실수를 반복하지 않길 바랍니다.'

- CTA: 없음(순수 스토리)

완벽하지 않아도 괜찮다. 쓰고 부족한 부분을 다시 수정하면 된다. 하루 한 통씩만 작성해도, 5일이면 완성이다. 이 스토리형 시퀀스는 단순히 정보를 전달하는 게 아니라, 고객을 당신의 여정에 동참시켜 감정적으로 연결하는 방식이다. 막힐 때는 앞서 다룬 작성 예시와 4장의 육성 시퀀스 단계를 참고하면서 써보자.

중급 Lv.2 탈출 30일 로드맵

1~2주 차: 미션 1 집중(상세페이지)

이 시기의 목표는 완성도보다 끝까지 완성된 상세페이지를 만드는 것이다. 매일 2개 섹션씩만 완성해도 충분하다.

- [기획 20분] 타깃 정의 + 핵심 메시지 1문장
- [작성 40분] 9개 섹션 순차 작성

3~4주 차: 미션 2 집중(육성 시퀀스)

전체 흐름의 일관성을 만드는 것이 핵심이다. 하루 1통씩 5일이면 5통의 레터가 완성된다.

- [선정 15분] 벤치마킹 대상 선정
- [분석 15분] 5통 시퀀스 구조 분석 및 설계(1통씩)
- [작성 30분] 하루 1통씩 작성

마지막 주말: 통합 점검

이때는 결과물을 실제 시장에 투입할 수 있는 수준까지 끌어

올리는 것이 목표다. 기준은 검증이 가능한 완성도 80%다.

- [검토 30분] 상세페이지 + 시퀀스 재검토
- [개선 30분] 섹션별로 부족한 부분 수정

중요한 건 완벽함이 아니라 완성이다. 첫 완성본은 누구나 어설프다. 하지만 하나를 끝내본 사람이, 두 번째를 훨씬 매끄럽게 만든다.

중급 Lv.2 탈출 체크리스트

30일 훈련을 마쳤다면, 아래 항목을 체크해 보자.

- ☐ 상세페이지: 9개 섹션이 모두 포함된 완성본 1편 보유
- ☐ 육성 시퀀스: 3~5통의 일관된 흐름 완성본 보유
- ☐ 자가 검토: 실전 투입 가능한 수준으로 완성도 80% 이상 충족
- ☐ 타인 피드백: 최소한 한 명 이상에게 검토받고 수정 완료

이제 실전에 쓸 수 있는 2개의 세일즈 자산이 준비됐다. 고급 단계에서는 이를 하나로 엮어 완전한 세일즈 퍼널로 완성한다.

고급 월 1,000만 원 자동 수익 시스템 완성

이제 상세페이지와 육성 시퀀스라는 핵심 세일즈 자산을 갖췄다. 이제 광고로 유입을 만들고, 리드마그넷으로 연락처를 확보하며, SLO로 첫 결제를 유도하고, 업셀로 수익을 확장할 하나의 시스템을 완성해 보자.

고급 단계의 목표는 명확하다. 만든 것들을 하나의 시스템으로 연결하고, 실제 시장에서 돌리며 최적화하는 것이다. 이 과정을 통과하면, 당신은 24시간 돌아가는 진짜 자판기를 갖게 될 것이다.

이번 단계는 2가지 미션으로 구성된다. 미션 1에서는 퍼널 전체를 통합해 론칭하며, 미션 2에서는 데이터를 보면서 병목을 찾아 개선한다.

미션 1: 완전한 퍼널 통합 및 론칭

중급 Lv.2에서 만든 상세페이지와 육성 시퀀스는 퍼널의 중간 단계다. 이제 앞뒤로 남은 요소들을 연결해야 한다. 광고로 사람을 모으고, 리드마그넷으로 관계를 만들고, SLO로 첫 구매를 유도하고, 업셀링으로 객단가를 올리는 흐름을 만들자.

이 미션이 쉽지 않을 수는 있지만, 목표는 단순하다. 30일 안에 하나의 흐름으로 연결하고, 실제로 시장에 론칭하는 것이다. 일단 시장에 올려 시스템이 돌아가게 만드는 게 중요하다.

STEP 1 – 퍼널 맵 그리기

가장 먼저 할 일은 전체 그림을 그리는 것이다. A4 용지에 퍼널의 흐름을 한눈에 볼 수 있게 그려보자. 기본 구조는 이렇다.

광고 → 랜딩페이지 → 리드마그넷 → SLO → 육성 시퀀스 → 메인 상품 → 업셀링 → 바이럴

단계별로 목표 전환율을 적어놓자. 예를 들면 이렇다.

- 광고 → 랜딩: 클릭률 2~5%
- 랜딩 → 리드: 전환율 20~40%
- 리드 → SLO: 전환율 5~15%
- SLO → 메인: 전환율 10~15%

이 숫자들은 이후 미션 2에서 실제 데이터와 비교하며 병목을 찾는 기준점이 된다.

이제 예상 수익을 계산해 보자. 광고비 10만 원을 투입했을 때 얼마가 남을지 시뮬레이션하는 것이다. 이렇게 계산하면 된다.

광고비 10만 원 → 클릭 1,000명(CPC 100원) → 리드 300명 (30%) → SLO 구매 30명(10%) → SLO 매출 30만 원(단가 1만 원) → 메인 구매 6명(20%) → 메인 매출 180만 원(단가 30만 원) **→ 총매출 210만 원 − 광고비 10만 원 = 순수익 200만 원**

물론 이건 이상적인 경우다. 실제로는 전환율이 더 낮을 수 있다. 하지만 목표 숫자를 적어놓으면, 나중에 어디를 개선해야 할지 명확해진다.

STEP 2 – 부족한 요소 채우기

이제 퍼널을 작동시키는 데 필수적인 추가 요소를 제작한다. 먼저, 현재 가진 것과 만들어야 할 것을 정리하자.

현재 가진 것

- 상세페이지 1개(메인 상품용)
- 육성 시퀀스 5통

만들어야 할 것

- 광고 카피 3종(SPARK 공식)
- 랜딩페이지(리드마그넷 소개)
- 리드마그넷(PDF 또는 체크리스트)
- SLO 상품(9,900~29,000원)
- 업셀링 제안 1개

만들어야 할 게 많다고 겁먹지 말자. 중급 Lv.2에서 만든 상세페이지와 시퀀스보다 더 쉽게 만들 수 있다.

광고 카피부터 시작하자. 3장에서 배운 후킹 공식을 활용해 3가지 버전을 만든다. 이 카피들은 이후 A/B 테스트에 사용된다.

- 버전 1(Story): '3개월 전만 해도 저는 매출이 0원이었습니다.(현재 매출 월 500만 원)'
- 버전 2(Paradox): '광고비를 안 썼는데 매출은 3배 올랐습니다.'
- 버전 3(Reveal): '상위 1%만 아는 자동 수익 시스템의 비밀'

랜딩페이지는 SUPER 구조를 적용한다. 리드마그넷의 가치를 명확히 보여주고, 입력 폼은 이름과 이메일(또는 전화번호)만 받는다.

리드마그넷은 PDF나 체크리스트 형태로 만든다. 중급 Lv.1에서 정리한 기준을 떠올려 보자. 즉시 가치가 느껴지고, 10분 안에 실행할 수 있어야 한다.

SLO는 9,900~29,000원 사이가 적당하다. 리드마그넷보다 한 단계 더 깊이 있는 내용이지만, 메인 상품보다는 부담이 낮아야 한다. 제안 타이밍도 중요하다. 감사 페이지에서 즉시 제안했을 때 전환율이 가장 높다.

업셀링은 메인 상품보다 3~5배 비싼 프리미엄 버전이다. 예를 들어 메인이 30만 원이면, 업셀링은 90~150만 원 수준이다. 형태는 단순하다. 추가 컨설팅, VIP 그룹, 1:1 코칭 같은 형태로 만들면 된다.

STEP 3 – 기술적 연결과 흐름 테스트하기

이제 만든 요소들을 실제로 연결할 차례다. 도구를 선택하는 것부터 시작하자. 무료로 시작하려면 [구글 폼 + 스프레드시트 + 메일침프] 조합만으로도 충분하다. 나는 사업 초반에 일일이 카톡 채널로 메일 주소를 받아 리드마그넷을 보내고, 엑셀로 정리했었다. 문제는 고객 수가 늘어난 뒤였다. 관리에 시간을 너무 많이 빼앗겨 정작 중요한 일을 못하는 상황이 반복됐다. 그래서 가능하다면 처음부터 툴을 활용하기를 권한다.

다만 툴은 목적이 아니라 수단일 뿐이다. 왜 이 툴을 쓰는지를 먼저 알아야 한다. 내가 목표로 하는 게 무엇인지, 그걸 위해 어떤 기준과 프로세스가 필요한지부터 정리하고 선택하자. 만약 유료로 제대로 구축하려면 에어테이블, 메이크, 솔라피, 리드젠, 제피어 같은 툴을 활용하면 된다. 예산이 부족하다면 무료로 시작하고, 첫 수익이 발생한 후 유료로 전환해도 괜찮다.

기본적인 연결 순서는 다음과 같다.

1) 광고 클릭 → 랜딩페이지 이동
2) 랜딩페이지 → 이메일 입력 → 리드마그넷 다운로드
3) 감사 페이지 → SLO 제안 → 결제
4) 결제 완료 → 환영과 감사 메시지 및 자료 전달(즉시)
5) 24시간 후 → 육성 시퀀스 1통 발송
6) 5~7일 후 → 메인 상품 제안
7) 메인 구매 → 업셀링 제안

각 단계가 제대로 연결되는지는 직접 테스트해야 한다. 최소 3회 반복하자. 직접 광고를 클릭하고, 이메일을 입력하고, 구매까지 진행한 후 이메일이 제대로 오는지 전 과정을 확인하는 것이다. 특히 결제 단계는 꼼꼼히 체크해야 한다. 테스트 모드로 실제 결제를 해보고, 문자가 제대로 발송되는지, 상품이 제대로 전달되는지 확인하자.

STEP 4 – 소프트 론칭하기

드디어 실제 시장에 내보낼 시간이다. 하지만 처음부터 광고

비를 많이 쓸 필요는 없다. 소프트 론칭으로 작게 시작하자. 광고비는 하루 1~3만 원 정도로 설정한다. 목표는 최소 100명에게 노출시키는 것이다. 100명이면 대략적인 전환율을 파악할 수 있기 때문이다.

자, 광고를 시작하기 전에 다음 체크리스트부터 확인하자.

　　□ 광고 카피 3종 준비 완료
　　□ 랜딩페이지 로딩 속도 확인(3초 이내)
　　□ 리드마그넷 다운로드 링크 작동 확인
　　□ SLO 결제 프로세스 정상 작동 확인
　　□ 문자, 이메일 발송 시스템 정상 작동 확인
　　□ 구글 애널리틱스, 메타 픽셀 설치 완료(미션 2에서 사용)

모든 항목이 체크되었다면 광고를 시작한다. 메타(페이스북, 인스타그램) 광고 관리자에서 캠페인을 만들고, 타깃과 광고비를 설정하면 된다. 구체적인 내용은 이미 잘 정리된 자료들이 많으니 유튜브나 블로그를 참고해 보자.

이때 급하게 판단하지 말고, 최소한 100명이 랜딩페이지를 방문할 때까지 기다리자. 이 단계의 목표는 완벽한 퍼널이 아니다. 전체 흐름이 잘 작동하는지 검증하는 것이다. 돌아가기만 하면 성공이고, 문제점은 미션 2에서 개선하면 된다.

퍼널이 돌아가기 시작했다면, 이제 데이터를 보면서 개선할 차례다. 피터 드러커가 말했듯이, 측정할 수 없으면 관리할 수 없고, 관리할 수 없으면 개선할 수 없다. 이 미션의 목표는 30일간 병목 지점을 찾아 전환율을 높이는 것이다.

예를 들어 랜딩페이지 전환율이 8%에서 18%로 올라가면, 같은 광고비로 2배 이상의 리드를 확보하게 된다. 퍼널의 각 단계가 1%씩만 개선되어도 최종 결과는 기하급수적으로 달라진다.

STEP 1 – 핵심 지표를 추적하는 시스템 구축

가장 먼저 해야 할 일은 측정 시스템을 만드는 것이다. 구글 애널리틱스(GA4)를 설치하고, 스프레드시트로 대시보드를 만들자. 설치는 10분이면 끝난다. 'GA4 설치'를 검색하여 추적 코드를 랜딩페이지에 붙여 넣으면 된다. 메타 픽셀도 같은 방식으로 설치한다.

스프레드시트 대시보드는 이렇게 만든다.

[날짜 | 광고비 | 노출수 | 클릭수 | 랜딩 방문 | 리드 | SLO 구매 | 메인 구매]

매일 아침 10분씩 투자해서 숫자를 기록하는 것이다. 여기서 계산해야 할 핵심 지표는 5가지다.

1) 광고 클릭률 = 클릭수 ÷ 노출수 × 100

2) 랜딩 → 리드 전환율 = 리드수 ÷ 방문자수 × 100

3) 리드 → SLO 전환율 = SLO 구매 ÷ 리드수 × 100

4) SLO → 메인 전환율 = 메인 구매 ÷ SLO 구매 × 100

5) 광고비 대비 수익률 = 총매출 ÷ 광고비 × 100

이 숫자들을 매일 기록하면, 어디가 문제인지 한눈에 보인다.

STEP 2 – 병목 지점 파악하기

일주일 동안 데이터를 수집했다면, 이제 분석할 차례다. 단계별 전환율을 계산하고, 미션 1에서 세운 목표 수치와 비교하자. 다음과 같은 상황을 가정해 보자.

- 광고 클릭률: 3%(목표 2~5%, 양호)
- 랜딩 → 리드: 8%(목표 20~40%, 낮음)
- 리드 → SLO: 12%(목표 5~15%, 양호)
- SLO → 메인: 18%(목표 10~25%, 양호)

이 경우 병목은 랜딩페이지다. 광고는 잘 작동하고 있지만, 랜딩페이지에서 80% 이상이 이탈하고 있다. 이 지점을 개선하여 전환율을 높이면, 전체 수익이 2배 이상은 올라갈 것이다. 병목을 찾았다면, 이제 왜 그런지에 대한 가설을 세워야 한다.

랜딩페이지 전환율이 낮은 이유를 찾아보니 다음과 같았다.

- 가설 1: 헤드라인이 모호해서 가치가 직관적으로 전달되지 않음
- 가설 2: 입력 항목이 너무 많아서 부담을 줌(이름, 이메일, 전화번호, 직업, 주소 등)
- 가설 3: 리드마그넷의 매력이 부족함

이 중에서 가장 가능성이 높은 하나를 골라 테스트한다.

STEP 3 – A/B 테스트 실행하기

가설을 세웠다면 실험으로 검증해야 한다. A/B 테스트는 한 번에 하나씩만 바꾸는 것이 원칙이다. 여러 요소를 동시에 바꾸면, 무엇이 효과를 만들었는지 알 수 없다.

예를 들어 헤드라인을 먼저 테스트해 보자. 기본 버전 A와 새로운 버전 B를 만들어서 비교하는 것이다.

- 버전 A(기존): '무료 전자책 받기'
- 버전 B(개선): '5분 만에 클릭률 2배 올리는 제목 공식(무료 PDF)'

그리고 광고 트래픽을 50:50으로 나눠서 각각의 랜딩으로 보낸다. 최소 100명씩, 총 200명이 방문할 때까지 기다린다. 그래야 통계적으로 의미가 있다.

- 버전 A: 100명 방문 → 8명 전환(8%)
- 버전 B: 100명 방문 → 18명 전환(18%)

버전 B가 명확한 승자로 나왔다면, 이제 버전 B를 메인으로 교체한 후 다음 테스트를 준비한다. 전환율에 가장 큰 영향을 미치는 요소부터 A/B 테스트를 실행하면 된다.

- 1순위: 헤드라인(가장 높은 임팩트)
- 2순위: 오퍼 구성(수익에 직결되는 임팩트)
- 3순위: CTA 버튼 문구(행동 유도 임팩트)
- 4순위: 육성 시퀀스 및 스토리텔링

주 1회만 테스트해도, 4주 만에 4가지를 개선할 수 있다. 각각 2%씩만 개선되어도 최종 수익은 10% 이상 올라간다.

STEP 4 – 스케일링

테스트를 거듭해서 전환율이 목표 수준이 도달했다면, 이제 스케일링을 고려할 차례다. 스케일링은 잘되는 것에 리소스를 집중하는 전략이다. 첫 번째 방법은 광고비를 늘리는 것이다. 하루 3만 원으로 ROAS 300%를 달성했다면(광고비 3만 원 → 매출 9만 원), 광고비를 10만 원으로 늘려보자. 같은 비율이 유지된다면, 매출은 30만 원이 된다. 단, 한 번에 너무 많이 늘리지는 말

자. 2~3배씩 점진적으로 늘리면서 ROAS를 모니터링해야 한다. 광고비가 늘어날수록 효율이 조금씩 떨어지기 때문이다.

두 번째 방법은 타깃을 확장하는 것이다. 메타 광고라면, '룩어 라이크 오디언스(유사 고객)'를 만들면 된다. 기존 고객과 비슷한 새로운 타깃에게 광고를 확장하여 노출하는 것이다.

세 번째 방법은 다른 채널을 테스트하는 것이다. 인스타그램 에서 성과가 났다면 유튜브, 네이버, 카카오도 시도해 보자. 같은 광고 카피와 랜딩페이지를 쓰되, 채널만 바꾸는 것이다. 이 스케 일링 단계에서는 반드시 기억해야 할 원칙이 있다. 너무 성급하 게 확장하지 말아야 한다. 안정적으로 2주 이상 수익이 나는 걸 확인한 후에 확장하는 것이 안전하다.

고급 탈출 60일 로드맵

1~2주 차: 미션 1 - 퍼널 맵&기획

전체 그림을 명확히 설계하는 것을 목표로 한다.

- [맵핑 20분] 퍼널 전체 흐름도 만들기
- [기획 40분] 빠진 요소 목록 작성 및 기획

3~4주 차: 미션 1 - 요소 제작

10일 안에 모든 핵심 요소를 완성한다.

- [제작 60분] 매일 1개씩 집중해서 만들기(광고 카피, 랜딩페이지, 리드마그넷, SLO 등)

5주 차: 미션 1 – 연결&론칭

- [연결 30분] 도구 설정 및 흐름 연결
- [테스트 30분] 전체 프로세스 3회 테스트

6주 차: 미션 2 – 측정 시스템

- [설치 30분] 구글 애널리틱스, 메타 픽셀&대시보드 구축
- [수집 30분] 매일 데이터 기록하기

7~8주 차: 미션 2 – 최적화

- [분석 20분] 병목 지점 파악 및 가설 수립
- [테스트 40분] A/B 테스트 실행(주 1개)

9주 차: 미션 2 – 스케일링

- [확대 60분] 광고비 증액 및 타깃 확장

이렇게 주 5일, 60분씩 훈련하면 60일 후에는 실제로 매출이 발생하는 자동 퍼널을 갖게 된다. 물론 경우에 따라 3개월에서 길게는 1년이 걸릴 수도 있다. 완벽보다 완수에 초점을 두자. 일단 시스템을 만들고, 개선을 거듭하는 것이 핵심이다.

고급 탈출 체크리스트

□ 완전한 퍼널: 광고 → 리드 → SLO → 육성 → 메인 → 업셀링 모든 단계 연결 완료

□ 실제 론칭: 최소 100명 이상에게 노출하고 전체 흐름 작동 확인

□ 데이터 수집: 단계별 전환율 측정 완료(최소 3회 이상)

□ 개선 실행: 최소 3가지 A/B 테스트 완료 및 승자 버전 적용

□ 첫 수익: 퍼널을 통한 실제 결제 1건 이상 발생

5개 모두 체크했다면, 이제 글쓰기를 기반으로 자동 수익을 만들어내는 시스템을 완성한 셈이다. 앞으로 할 일은 측정하고, 분석하고, 개선하는 사이클을 반복하는 것이다. 이 사이클이 돌아갈 때마다 당신의 자판기는 더 많은 돈을 효율적으로 벌어다 줄 것이다.

당신은 어떤 삶을 선택할 것인가

여기까지 온 당신에게 진심으로 축하를 보낸다.

지금 당신의 손에는 이전과는 전혀 다른 무기가 들려 있다. 인간의 무의식을 여는 7가지 심리 버튼을 이해했고, 3초 만에 시선을 끄는 후킹의 기술을 익혔으며, 읽는 순간 지갑이 열리는 9가지 섹션의 구조도 파악했다. 나아가 24시간 일하는 '수익 자판기' 시스템의 원리도 알게 되었다.

이제 당신은 자본주의 시장에서 고객의 심리를 설계하고, 시스템으로 수익을 창출하는 '글 설계자'로 거듭났다. 하지만 냉정하게 짚고 넘어가야 할 점이 하나 있다. 지도를 손에 쥐었다고 목적지에 도착한 것은 아니다. 수영하는 법을 책으로 아무리 많이 읽어도, 물에 들어가기 전까지는 몸이 바뀌지 않는 것과 같다. 변화는 언제나 이해하는 순간이 아니라 행동하는 순간 시작된다.

실제로 대부분의 사람들은 이 책을 덮고 다시 평범한 일상으로 돌아갈 것이다. "좋은 내용이었어"라는 만족감에 멈춘 채 다시 덧셈 게임의 늪으로 들어갈 것이다. 변화를 거부하는 뇌의 관성이 "내일부터 하자", "좀 더 공부하고 시작하자"라며 붙잡기 때문이다.

가장 어려운 것은 언제나 '0'에서 '1'을 만드는 첫걸음이다. 나 역시 첫 수익을 내기까지 수많은 밤을 지새우며 시행착오를 겪었다. 그 고통을 알기에, 당신만큼은 같은 실수를 반복하며 시간을 낭비하지 않기를 바란다.

이 책에 담긴 원칙들을 하나씩 실행에 옮기는 것만으로도 수익을 만들기에는 충분할 것이다. 다만 혼자 가는 길이 때로 막막할 수 있기에 소통의 창구를 열어두었다. 더 많은 이야기를 나누고 싶다면, 아래 채널에서 이어질 수 있길 바란다.

- 홈페이지: www.achiever-rich.co.kr/gift
- 카카오톡 채널: pf.kakao.com/_xmxmmGG

마지막으로 다시 한번 묻겠다. 당신은 300만 원에 300만 원을 더하는 '덧셈의 삶'에 만족할 것인가? 아니면 한 번의 진한 노력으로 수백, 수천, 수만 번의 결제로 이어지는 '곱셈의 삶'을 선택할 것인가? 선택은 당신의 몫이다. 다만 나는 언젠가 당신에게서 들려올 기분 좋은 소식을 기대하며 기다리겠다.

후킹

1판 1쇄 발행 2026년 4월 13일

지은이 김운기
발행인 오영진 김진갑
발행처 토네이도미디어그룹(주)

책임편집 유인경
기획편집 박수진 박은화 김예은
교정교열 한지원
디자인팀 김현주
본문·표지 디자인 상록
마케팅팀 박시현 박준서 박가영 한영은
경영지원 이혜선

출판등록 2006년 1월 11일 제313-2006-15호
주소 서울시 마포구 월드컵북로5가길 12 서교빌딩 2층
원고 투고 및 독자 문의 midnightbookstore@naver.com
전화 02-332-3310 팩스 02-332-7741
블로그 blog.naver.com/midnightbookstore
페이스북 www.facebook.com/tornadobook

ISBN 979-11-5851-346-7 (03190)